Das Gesetz der
Beziehung

MICHAEL J. LOSIER

Das Gesetz der Beziehung

Wie Sie bekommen,
was Sie wollen.
In Harmonie mit
anderen Menschen.

Aus dem Englischen übersetzt
von Juliane Molitor

INTEGRAL

Die Originalausgabe erschien 2009 unter dem Titel
»Law of Connection«
im Verlag Wellness Central, NewYork/Boston, USA.

Verlagsgruppe Random House FSC-DEU-0100
Das für dieses Buch verwendete
FSC-zertifizierte Papier *EOS*
liefert Salzer, St. Pölten.

Integral Verlag
Integral ist ein Verlag der Verlagsgruppe Random House GmbH

ISBN 978-3-7787-9211-7

Erste Auflage 2009
Copyright © 2009 by Michael J. Losier
This edition published by arrangement with Grand Central Publishing,
New York, NY, USA. All rights reserved.
Copyright © 2009 der deutschsprachigen Ausgabe by
Integral Verlag, München, in der Verlagsgruppe Random House GmbH
Alle Rechte sind vorbehalten.
Printed in the Czech Republic.
Illustrationen: Grand Central Publishing, USA
Einbandgestaltung: Guter Punkt, München,
unter Verwendung eines Motivs von Marish/Shutterstock
Gesetzt aus der 11/13 Punkt Garamond und der ITC Officina Sans
von C. Schaber Datentechnik, Wels
Druck und Bindung: CPI Moravia Books, Pohorelice

Inhalt

Warum ich dieses Buch geschrieben habe 9
Wie dieses Buch Ihre Beziehungen verbessern wird 11
Zum Gebrauch dieses Buches 13
Warum sprechen wir vom »Gesetz« der Beziehung? 14

TEIL 1

Drei Voraussetzungen für das Entstehen von Beziehungen 17

Voraussetzung 1 – Rapport 19
Voraussetzung 2 – Kalibrieren 21
Voraussetzung 3 – Kommunikationsstile verstehen 24

TEIL 2

Selbsteinschätzung des Kommunikationsstils 27

Der Fragebogen zur Selbsteinschätzung 29
Arbeitsblätter zur Auswertung Ihrer Selbsteinschätzung . . 33
Ihre Beziehungen zu anderen verstehen 36
Nun kennen Sie Ihre Ergebnisse. Und was jetzt? 38

TEIL 3

Die vier Kommunikationsstile 41

Wann es wichtig ist, den eigenen und den
Kommunikationsstil anderer zu erkennen 43

Der visuelle Kommunikationstyp 46
Der auditive Kommunikationstyp 57
Der kinästhetische Kommunikationstyp 68
Der digitale Kommunikationstyp 80

TEIL 4

Gespräche kalibrieren 91

Kalibrieren für besseren Kontakt 93
Die visuelle Vicky möchte etwas verkaufen 96
Der auditive Andreas unterbricht den Rapport
mit seiner Freundin 100
Die kinästhetische Karin kommt
mit einem Kollegen in Kontakt 104
Der digitale Dirk hilft seiner kleinen Tochter
bei den Hausaufgaben 109

TEIL 5

Vier einfache Methoden, bessere Kontakte zu knüpfen 113

Reframing, Zukunfts-Pacing, Installieren
und positive Annahmen 115
Reframing – Umdeutung 116
Zukunfts-Pacing – die Begleitung
in eine andere Zukunft 119
Installieren 122
Die positive Annahme 125

TEIL 6

Beziehungen in allen Lebensbereichen 129

Positive Beziehungen schaffen 131
Ehegatten und Partner 133
Eltern und Kinder 137
Berater, Trainer und ihre Klienten 141
Lehrer und Schüler 145
Vorgesetzte und Mitarbeiter 149
Verkäufer und Kunden 154
Betreiber von Internetseiten und deren Besucher 158

TEIL 7

Zehn besondere Techniken, die Lehrer und Trainer in Kontakt mit ihren Schülern bringen und beschleunigte Lernprozesse bewirken 163

Die Techniken und was sie bewirken 165
1. Einleitende Fragen stellen 167
2. Schnelle Antworten im Chor 170
3. Auf einer Antwort bestehen 172
4. »Sprecht mir nach ...« 174
5. Arbeitsblätter mit Leerstellen ausfüllen lassen 176
6. »Das ist wichtig. Schreibt es auf.« 178
7. Die Energie im Raum verändern 180
8. Partnerarbeit 182
9. Arbeit in Kleingruppen 184
10. Rekapitulation in der Gruppe 186

Wie Sie das, was Sie hier gelernt haben,
im täglichen Leben anwenden können 188
Über den Autor 189

Warum ich dieses Buch geschrieben habe

Nach der Veröffentlichung meines ersten Buches – *Das Gesetz der Anziehung* – bekam ich von vielen Tausend Menschen die Rückmeldung, wie sehr es ihnen geholfen habe, sich mit dem zu identifizieren, was sie in ihren persönlichen und beruflichen Beziehungen wirklich wollten, und genau das anzuziehen.

Aber diese Menschen wollten mehr. Sie wollten sich mit *allen* Menschen, mit denen sie es privat und beruflich zu tun hatten, besser verstehen und sich besser verstanden fühlen. Und von mir wollten sie wissen, *wie* dies zu bewerkstelligen sei. Da erkannte ich, dass ich *Das Gesetz der Beziehung* schreiben musste, um meinen Lesern die Fähigkeiten zu vermitteln, die sie brauchen, um mit allen möglichen Menschen in jeder denkbaren Situation besser und erfolgreicher zu kommunizieren.

Sowohl in *Das Gesetz der Anziehung* als auch in *Das Gesetz der Beziehung* geht es darum, ein paar einfache Regeln zu beherrschen, die Ihnen helfen werden, ein erfülltes, reiches und bedeutungsvolles Leben zu führen. Sie müssen das eine Buch jedoch nicht gelesen haben, um von dem anderen profitieren zu können. Jedes steht für sich, jedes hat seine eigenen Vorzüge.

In all den Jahren, in denen ich das Gesetz der Anziehung nun schon lehre, habe ich das Wissen, das ich nun an Sie weitergeben werde, in meine Seminare, Interviews und Beratungsgespräche einfließen lassen, um mich mit den Zuhörern, Interviewpartnern, Reportern, Talkmastern und den vielen anderen Menschen, mit denen ich Tag für Tag zu tun habe, zu verbinden.

Eines der Komplimente, die ich am liebsten höre, ist, dass es mir gelinge, komplizierte Ideen leicht nachvollziehbar zu machen. Diese Fähigkeit verdanke ich meiner Ausbildung im Neurolinguistischen Programmieren (NLP) und dem Einsatz beschleunigender Lerntechniken. Diese Techniken sind so konzipiert, dass sie sich jedem Kommunikationsstil anpassen. Zum Beispiel:

- Manche von Ihnen werden es gut finden, wie Inhalt und äußere Form dieses Buches ineinandergreifen, andere nicht.
- Manche freuen sich an den Bildern, andere nicht.
- Manche mögen die Zusammenfassungen, die Arbeitsblätter oder die Fallbeispiele, andere nicht.

Ich habe all das in dieses Buch aufgenommen, damit jeder leicht und mit Vergnügen daraus lernen kann.

Mir geht es darum, dass Sie von Zeit zu Zeit auf dieses Buch zurückgreifen, um sich an die Worte und Textstellen zu erinnern, auf die Sie hören oder die Sie benutzen sollten, um in allen möglichen Situationen besser zu kommunizieren.

Vielleicht ertappen Sie sich sogar dabei, dass Sie die Merkmale Ihres Kommunikationsstils mit einem kleinen gelben Zettel markieren, damit Sie den entsprechenden Abschnitt bei Bedarf schnell auffinden.

Ich hoffe sehr, dass Ihnen die Einfachheit dieses Buches gefällt. Sprechen Sie mit Ihrer Familie darüber oder auch mit Kollegen, und erleben Sie, wie sich die Kommunikation verbessert, wo immer Sie sind.

Michael Losier

www.LawofConnectionBook.com

Wie dieses Buch Ihre Beziehungen verbessern wird

Auch wenn Sie selbst nicht dazu neigen, sich häufig über Beziehungsprobleme zu beklagen, so kennen Sie doch bestimmt andere Menschen, die das tun. Wir hören solche Klagen ja überall: zu Hause, am Arbeitsplatz und im Gemeinwesen, zu dem wir gehören.

Konflikte sind allgegenwärtig. Es gibt sie zwischen

- Eheleuten
- Verliebten
- Eltern und Kindern
- Lehrern und Schülern
- Kollegen im Büro
- Werksleitung und Arbeitern
- Geschäftspartnern

Dieses Buch gibt Ihnen die Informationen und Techniken an die Hand, die Sie brauchen, um Ihren Kommunikationsstil zu optimieren und bessere, gesündere Beziehungen aufzubauen.

Manchmal genügt es, das eine oder andere Wort auszutauschen, um eine deutliche Veränderung herbeizuführen; manchmal braucht es dazu mehr als ein paar Worte. Doch wie auch immer die negative oder konfliktgeladene Beziehung geartet ist, dieses Buch kann Ihnen helfen, sie zu verbessern.

Der Prozess und die Techniken, die dabei eingesetzt werden, mögen Ihnen simpel erscheinen, und vielleicht hören Sie sich selbst sagen »So einfach kann es gar nicht sein« oder »Das ist ja viel zu leicht, um eine Veränderung bewirken zu können.« Doch ich kann Ihnen versichern: Die Ergebnisse werden für sich sprechen.

Seit 1999 vermittle ich Paaren, Ausbildungsleitern, Lehrern, Beratern und allen möglichen Menschen, die in allen Arten von Beziehungen mit anderen Menschen stehen, den Schlüssel zur erfolgreichen Kommunikation – und jetzt sind Sie dran.

Viel Spaß mit diesen Informationen. Passen Sie gut auf, und hören Sie genau hin, während Ihre Beziehungen zu anderen immer besser werden und Konflikte sich wie von selbst lösen.

Zum Gebrauch dieses Buches

Bevor Sie irgendetwas anderes tun, sollten Sie dieses Buch einmal von vorn bis hinten durchlesen (es dauert auch bestimmt nicht lange). So bekommen Sie einen guten Überblick und werden den Prozess, um den es geht, besser verstehen.

Beim zweiten Lesen füllen Sie dann den Fragebogen zur Selbsteinschätzung Ihres Kommunikationsstils sowie die Arbeitsblätter aus. Indem Sie das tun, beginnen Sie die Informationen besser zu begreifen und verinnerlichen sie, denn damit fangen Sie an, sie auf Ihren Alltag zu beziehen beziehungsweise dort einzusetzen.

Laden Sie auch Ihre Familienmitglieder ein, ihren Kommunikationsstil einzuschätzen. Sie werden sehen und hören, wie viel Spaß es macht, das anzuwenden, was Sie über Ihren eigenen Kommunikationsstil und den der anderen gelernt haben.

Machen Sie dieses Buch und seinen Inhalt zu einer Familiensache. Setzen Sie es am Arbeitsplatz ein. Und noch während Sie diese Informationen verarbeiten, werden Sie sie vermutlich an andere weitergeben und ihnen zeigen, wie sie ihre kommunikativen Fähigkeiten steigern und ihre Beziehungen verbessern können.

Warum sprechen wir vom »Gesetz« der Beziehung?

Wir alle kennen diese Situation: Wir verstehen uns »fast blind«. Wir alle kennen aber auch das Gegenteil: Wir verstehen uns überhaupt nicht miteinander und reden ständig aneinander vorbei. Das Gesetz der Beziehung besagt, dass zwei Menschen harmonisch und effektiv miteinander agieren, wenn sie auf die richtige Weise miteinander kommunizieren. Der Volksmund sagt, sie »haben einen guten Draht zueinander«. Im NLP heißt es, sie sind »in Rapport«.

Vom »Gesetz« der Beziehung sprechen wir, weil Beziehungen einer einfachen Regel folgen. Sie lautet:

> Je mehr Sie in Rapport mit jemandem sind, desto stärker sind Sie in Resonanz mit dieser Person und desto harmonischer und produktiver ist Ihre Beziehung.

> Je weniger Sie in Rapport mit jemandem sind (oder wenn der Rapport unterbrochen ist), desto weniger sind Sie in Resonanz mit dieser Person und desto disharmonischer und unproduktiver ist Ihre Beziehung.

Ihr Rapport – und daher auch die Qualität Ihrer Beziehung – ergibt sich daraus, wie Sie miteinander kommunizieren.

Dieses Buch wird Ihnen helfen, Ihren Kommunikationsstil mit all seinen Vor- und Nachteilen zu verstehen. Und, noch wichtiger, es wird Ihnen helfen, den Kommunikationsstil anderer zu verstehen, ebenfalls mit sämtlichen Vor- und Nachteilen. Beobachtung und Erfahrung werden Sie schließlich zu einem flexiblen Kommunikator machen, der sich mit allen Menschen verbinden kann, egal welchen Kommunikationsstil diese auch praktizieren.

Der Schlüssel zu einer harmonischen und produktiven Beziehung besteht darin, flexibler zu werden. Kommunikative Flexibilität ist das »A und O«: Wenn Sie beispielsweise nach Frankreich fahren, wird es mit der Kommunikation viel besser klappen, wenn Sie Französisch können. Flexibilität in der Kommunikation wird Ihnen helfen, schneller und leichter einen Draht zu anderen zu bekommen.

TEIL 1

Drei Voraussetzungen für das Entstehen von Beziehungen

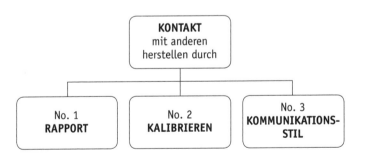

RAPPORT

Wie lange dauert es, ihn aufzubauen?

Manchmal Sekunden, manchmal Jahre.

Wie lange kann man ihn aufrechterhalten?

Bei guter Pflege für immer.

Wie lange dauert es, ihn zu unterbrechen?

Nur Sekunden.

Wie lange braucht man, um ihn wiederherzustellen?

Manchmal klappt es gar nicht.

Voraussetzung 1 – Rapport

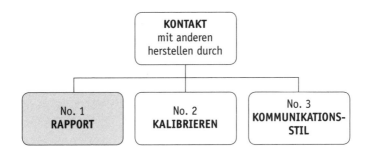

Viele von uns erinnern sich an Situationen, in denen wir jemanden getroffen haben, der uns spontan sympathisch war – oder unsympathisch, obwohl wir mit dieser Person durchaus etwas gemeinsam hatten.

Rapport, *der*
Beziehung, besonders eine enge oder auf Sympathie beruhende Beziehung, Übereinstimmung, Harmonie

Der Rapport mit einer Person kann sich unmittelbar ergeben, manchmal dauert es aber auch eine Weile, bis er sich entwickelt hat.

Rapport ist ein entscheidender Teil der Kommunikation. Kommunikation findet immer auf zwei Ebenen statt: der verbalen und der nonverbalen.

Es gibt zwei sehr übliche Weisen, wie die meisten Menschen den Rapport mit anderen entweder verhindern oder abbrechen: Indem sie die verbalen und nonverbalen Hinweise auf den Kommunikationsstil des anderen nicht beachten oder durch Missverständnisse, die sich daraus ergeben, dass der eine den Kommunikationsstil des anderen nicht versteht. *Das Gesetz der Beziehung* gibt Ihnen alle Werkzeuge an die Hand, die Sie brauchen, um Rapport herzustellen und ihn nicht etwa zu unterbrechen.

Voraussetzung 2 – Kalibrieren

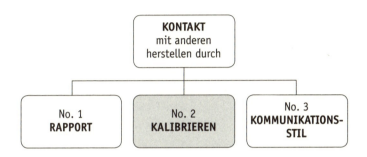

Kalibrieren ist die Kunst, aufmerksam zu sein und auf das einzugehen, was man wahrnimmt. Es geht darum, die verbalen und nonverbalen Hinweise auf den mentalen oder emotionalen Zustand einer Person (wie etwa Lachen, Erröten, Nägelkauen oder Stammeln) aufzugreifen und dann den eigenen Kommunikationsstil so zu justieren, dass er dazupasst. Durch Kalibrieren kommt man in Resonanz, stellt man Rapport her.

Wenn Sie nicht aufmerksam sind, kann es passieren, dass Sie Vermutungen anstellen oder voreilige Schlüsse ziehen, ohne wirklich zu wissen, was die andere Person denkt oder fühlt. Wenn es Ihnen nicht gelingt, Ihren Stil dem Stil des anderen anzupassen, besteht die Gefahr, dass der Rapport abbricht.

Wer gut kalibrieren kann, ist in der Lage, eine Situation schnell einzuschätzen und in einer Weise darauf zu reagieren, die Rapport herstellt und aufrechterhält. Ergebnis: Einen solchen Menschen haben andere gern um sich. Wer hingegen nicht fähig ist zu kalibrieren, stößt andere vor den Kopf, frustriert sie und verursacht Missverständnisse, die den Rapport unterbrechen.

Die folgenden drei Beispiele machen deutlich, wie das Kalibrieren funktioniert.

Von der Arbeit nach Hause kommen

Ein Paar kommt mit dreißig Minuten Abstand von der Arbeit nach Hause. Der Mann ist zuerst da. Als seine Frau nach Hause kommt, platzt sie fast vor Begeisterung, weil sie an diesem Tag ein paar Hierarchiestufen nach oben befördert wurde. Sie merkt jedoch sofort, dass ihr Mann sein Jackett und seine Krawatte noch anhat und in der Küche lautstark mit irgendetwas herumhantiert. Aus diesen beiden Hinweisen schließt sie, dass etwas nicht in Ordnung ist. Sie nimmt also davon Abstand, ihre guten Nachrichten sofort loswerden zu wollen, und stellt Rapport her, indem sie in die Küche geht, um ihn zu begrüßen, Interesse zu zeigen und ihn zu fragen, wie es ihm geht.

Im Restaurant Essen servieren

Zwei Freunde haben sich zum Essen in einem Restaurant getroffen und sind gerade mitten in einem Gespräch über ein ernstes Thema. Da taucht überfröhlich der Kellner auf und verkündet, ohne auf die Stimmung am Tisch zu achten, breit grinsend: »Hallöchen, ich bin der Urs, für heute Abend Ihr Kellner!« Dem Kellner ist die ernste Stimmung seiner Gäste nicht aufgefallen, er war unfähig, seinen Kommunikationsstil dem ihren anzupassen. Dadurch hat er seinen eigenen Versuch, einen Rapport herzustellen, sabotiert.

Aus der Cafeteria kommend eine Bibliothek betreten

Als eine lärmende Gruppe von Teenagern die laute Cafeteria verlässt und die Bibliothek betritt, kalibrieren sie die Lautstärke ihrer Unterhaltung sofort und passen sie der Stille in der Bibliothek an. Damit stellen sie Rapport mit all denen her, die bereits konzentriert dort arbeiten.

Sehr oft haben Sie nur nonverbale Anhaltspunkte, die Ihnen helfen können, sich dem mentalen oder emotionalen Zustand eines Menschen anzupassen. Hier sind einige dieser Hinweise, auf die Sie achten können, wenn es darum geht, Ihre Kalibrierungsfähigkeiten zu steigern.

Beispiele für nonverbale Hinweise auf den mentalen oder emotionalen Zustand Ihres Gegenübers

Erröten	Erbleichen	Blaue Lippen
Nach Luft schnappen	Beschleunigter Atem	Flache Atmung
Kichern	Herumgehen	Schwitzen
Lachen	Händeringen	Nägelkauen
Flüstern	Aufrechte Haltung	Geduckte Haltung
Stammeln	Schweigen	Wiederholter Blick auf die Uhr
Lächeln	Stirnrunzeln	Herumwackeln

Gelegenheiten, nonverbale Hinweise zu beobachten, gibt es unzählige: am Arbeitsplatz, in der Partnerbeziehung, in Ihrer Familie. Nun, da Sie sich dieser Hinweise bewusst sind, merken Sie es sicher auch, wenn andere nicht gut kalibriert sind. Sie erkennen und verstehen den unmittelbaren Zusammenhang, der zwischen einer guten Kalibrierung und verbessertem Rapport besteht. Genauso werden Sie es auch mitbekommen, wenn eine missglückte Kalibrierung dazu führt, dass die Verbindung abreißt.

Voraussetzung 3 – Kommunikationsstile verstehen

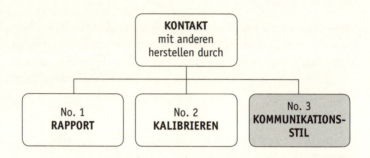

Die dritte Voraussetzung für das Herstellen einer Verbindung – das Wissen um den Kommunikationsstil anderer Menschen – ist so wichtig, dass ich immerhin ein Drittel dieses Buches dafür vorgesehen habe, sie Ihnen nahezubringen.

Ihre Fähigkeit, den Kommunikationsstil einer anderen Person zu verstehen und sich ihm anzupassen, ist es, die Sie in Rapport hält, sodass eine gute Beziehung zwischen Ihnen beiden entsteht. Denn der Grund, warum zwei Menschen keinen Draht zueinander bekommen, ist oft, dass sie den Stil des anderen nicht verstehen.

Es gibt vier verschiedene Kommunikationsstile: **v**isuell, **a**uditiv, **k**inästhetisch und **d**igital (V, A, K, D).

Ob Sie nun mit einer Gruppe oder mit einem Individuum kommunizieren – diese vier Kommunikationsstile zu verstehen, wird Ihnen helfen, in Rapport zu bleiben und Ihre Beziehung positiv zu gestalten.

In Teil 3 dieses Buches werden Sie mehr über diese Stile erfahren, doch zunächst bitte ich Sie, die zehn Fragen zur Selbsteinschätzung auf den folgenden Seiten zu beantworten. Denken Sie nicht groß darüber nach. Beantworten Sie die Fragen einfach schnell und intuitiv.

TEIL 2

Selbsteinschätzung des Kommunikationsstils

Der Fragebogen zur Selbsteinschätzung

Auf einer Skala von 1 bis 4 bedeuten

4 = beschreibt mich sehr gut
3 = beschreibt mich gut
2 = beschreibt mich so ungefähr
1 = beschreibt mich am wenigsten

Beispiel: Ich treffe eine wichtige Entscheidung nach/danach ...

... meinem Bauchgefühl und danach, wie ich mich damit fühle.	4
... wie sich die Idee für mich anhört.	1
... wie sie für mich aussieht.	3
... genauer Prüfung/Untersuchung des Themas.	2

1. Ich treffe eine wichtige Entscheidung ...

... nach meinem Bauchgefühl und danach, wie ich mich damit fühle.
... danach, wie sich die Idee für mich anhört.
... danach, wie sie für mich aussieht.
... nach genauer Prüfung/Untersuchung.

2. In einer Auseinandersetzung lasse ich mich am ehesten beeinflussen ...

... von der Lautstärke und vom Tonfall des anderen.
... davon, ob ich den Standpunkt des anderen sehen kann oder nicht.

... davon, ob die Meinung des anderen logisch und gut durchdacht ist.
... davon, ob der andere meinen Gefühlen gegenüber sensibel ist.

3. **In der Kommunikation mit anderen ist mir wichtig ...**

... wie ich angezogen bin und wie ich aussehe.
... dass ich meine Gefühle und Erlebnisse mitteilen kann.
... zu wissen, dass die Bedeutung meiner Worte auch wirklich verstanden wird.
... dass ich gehört und verstanden werde.

4. **Wenn mir jemand eine wichtige Frage stellt ...**

... höre ich gut zu und vergewissere mich anschließend, dass ich auch wirklich alles richtig verstanden habe.
... brauche ich Zeit, um darüber nachzudenken und meine Worte sorgfältig zu wählen.
... habe ich gern ein wenig Zeit, um tief in mir nach der Antwort zu suchen.
... antworte ich schnell und beschreibe in Bildern, worum es mir geht.

5. **So würde ich mich selbst beschreiben:**

... eingestimmt auf die Geräusche meiner Umwelt.
... fähig, neue Tatsachen und Informationen schnell einzuordnen.
... einfühlsam und flexibel in meinen Beziehungen.
... kreativ und in der Lage, enorme Mengen von Informationen sehr schnell zu verarbeiten.

6. Menschen lernen mich am besten kennen, wenn sie ...

... sich auf das beziehen, was ich empfinde.
... die Dinge aus meiner Perspektive sehen können.
... genau zuhören, was ich sage und wie ich es sage.
... an der Bedeutung dessen interessiert sind, was ich ihnen mitteile.

7. Wenn ich mit anderen an einem Projekt arbeite, ist es wahrscheinlich ...

... dass ich den Arbeitsprozess mit meinen Ideen bereichern will.
... dass ich an der Vision und an der Planung des Prozesses teilhaben will.
... dass ich den Prozess in Arbeitsschritte einteilen und Ordnung hineinbringen will.
... dass ich helfen möchte, gute und solide Beziehungen im Team aufzubauen.

8. Wenn man mir etwas beschreibt ...

... wird es mir klarer, wenn man mir ein Bild davon zeigt.
... kann ich mich später nur genau daran erinnern, wenn ich gut zuhöre.
... hilft es mir, es aufzuschreiben, um es zu verinnerlichen.
... verstehe ich es besser, wenn die Fakten in logischer Reihenfolge präsentiert werden.

9. In Stresssituationen fällt es mir am schwersten …

… Menschen, Situationen oder Ideen zu vertrauen.
… diplomatisch zu sein, weil ich eher direkt bin und die Dinge gern auf den Punkt bringe.
… meine Gefühle von dem zu trennen, was andere fühlen.
… flexibel zu sein und Terminpläne zu ändern.

10. Es fällt mir leicht …

… Inspiration aus meinem Inneren zu bekommen.
… zu sagen, wie sich neue Ideen integrieren lassen.
… mich auf vertrauten Pfaden zu bewegen und bewährte Methoden anzuwenden.
… Veranstaltungen zu planen und zu organisieren.

© 2009 Linda Storey und Michael Losier. Wenn Sie diesen Fragebogen zur Selbsteinschätzung (in englischer Sprache) online ausfüllen möchten, finden Sie ihn auf *www.LawofConnectionBook.com*.

Arbeitsblätter zur Auswertung Ihrer Selbsteinschätzung

Schritt 1

Übertragen Sie Ihre Antworten aus dem Fragebogen zur Selbsteinschätzung in die Tabellen unten.

1.	Beispiel
	Ich treffe wichtige Entscheidungen ... (auf einer Skala von 1 bis 4)
__4__ K	... nach meinem Bauchgefühl und danach, wie ich mich damit fühle.
__1__ A	... danach, wie sich die Idee für mich anhört.
__3__ V	... danach, wie sie für mich aussieht.
__2__ D	... nach genauer Prüfung/Untersuchung des Themas.

1.	2.	3.	4.	5.
___ K	___ A	___ V	___ A	___ A
___ A	___ V	___ K	___ D	___ D
___ V	___ D	___ D	___ K	___ K
___ D	___ K	___ A	___ V	___ V

6.	7.	8.	9.	10.
___ K	___ A	___ V	___ D	___ D
___ V	___ V	___ A	___ A	___ A
___ A	___ D	___ K	___ K	___ K
___ D	___ K	___ D	___ V	___ V

Schritt 2

Übertragen Sie die Ergebniszahlen für die einzelnen Fragen aus den Tabellen von Seite 33 in die folgende Tabelle.

Frage	V	A	K	D	Summe
Beispiel	3	1	4	2	10
1					10
2					10
3					10
4					10
5					10
6					10
7					10
8					10
9					10
10					10
Summe					100

Die Hierarchie meiner Informationsverarbeitung sieht so aus:

_____ (V) _____ (A) _____ (K) _____ (D)

Beispiel:

__35__ (V) __29__ (A) __21__ (K) __15__ (D)

↑ Höchster Stellenwert

↑ Niedrigster Stellenwert

Und was bedeutet das?

Der höchste Wert weist auf Ihren vorherrschenden Kommunikationsstil hin. Dies ist Ihre bevorzugte Art, mit anderen in Verbindung zu treten und von außen kommende Informationen zu interpretieren.

Der niedrigste Wert weist auf den bei Ihnen am wenigsten vorherrschenden Kommunikationsstil hin. Dies ist die Art, in der Sie selten oder nie mit anderen in Verbindung treten und Informationen von außen interpretieren.

Zweimal oder öfter der gleiche Wert weist darauf hin, dass Sie zwei oder mehr Kommunikationsstile bevorzugen. Im folgenden Kapitel erfahren Sie mehr über die einzelnen Kommunikationsstile. Dabei werden Sie entdecken, welchen Sie tatsächlich bevorzugen beziehungsweise am häufigsten praktizieren.

Schon eine Differenz von einem Punkt in den Ergebnissen genügt, um den vorherrschenden oder am meisten bevorzugten Kommunikationsstil zu bestimmen.

Ihre Beziehungen zu anderen verstehen

Schreiben Sie sich Ihre Ergebnisse auf. Und wenn Sie dann auch Ihre Familie, enge Freunde und Arbeitskollegen ermutigt haben, dieses Buch zu lesen, bitten Sie sie, ihre Ergebnisse ebenfalls einzutragen.

Wenn das folgende Referenzdiagramm ausgefüllt ist, können Sie ihm entnehmen, wessen Kommunikationsstil dem Ihren am nächsten ist und welche Stile völlig anders sind als Ihre. Das gibt Ihnen Gelegenheit, Ihre Kommunikation jeweils individuell auf den Gesprächspartner abzustimmen und so Ihre Beziehungen zu allen Menschen, die Sie kennen, zu verbessern.

Referenzdiagramm der Kommunikationsstile

Sie können dieses Diagramm kopieren und beliebig oft darauf zurückgreifen, während Sie mehr über den Kommunikationsstil der Menschen in Ihrem Leben erfahren.

Name	Am höchsten	Niedriger	Noch niedriger	Am niedrigsten
Beispiel	V	K	D	A

Weitere Exemplare dieses Diagramms können Sie von der Webseite *www.LawofConnectionBook.com* herunterladen.

Nun kennen Sie Ihre Ergebnisse. Und was jetzt?

Sicher ist Ihnen schon einmal aufgefallen, dass es Ihnen mit manchen Leuten überhaupt nicht gelingt, in Rapport zu gehen. Sie sagen etwas, Ihr Gegenüber hört etwas anderes. Sie verstehen einander einfach nicht.

Wenn Sie dagegen sofort in Rapport mit jemandem gehen, so bedeutet dies, dass Ihre Kommunikationsstile zusammenpassen und dass auf diese Weise Resonanz hergestellt wird. Wenn sich dieser Rapport nicht einstellt, dann wahrscheinlich deshalb, weil Sie beide unterschiedliche Kommunikationsstile haben und infolgedessen jeder das, was der andere sagt, denkt oder fühlt, falsch interpretiert.

Die Wahrscheinlichkeit, dass es in Ihrem Leben Menschen gibt, deren Kommunikationsstil ganz anders ist als Ihrer, ist *sehr hoch*.

Haben alle Mitglieder Ihrer Familie den gleichen Kommunikationsstil? Vermutlich nicht. Das ist ein weiterer Grund, warum Ihre Familienmitglieder dieses Buch ebenfalls lesen sollten. Stellen Sie sich mal vor, wie es wäre, wenn jeder von Ihnen genau wüsste und verstünde, wie die anderen Informationen gern präsentiert bekämen. Eines kann ich Ihnen versichern: Es würde für ein viel glücklicheres Familienleben sorgen.

Und was ist mit den Menschen, mit denen Sie geschäftlich in Beziehung stehen? Kommunizieren all Ihre Kunden und Klienten auf die gleiche Weise wie Sie? Nein, tun sie nicht! Die Fähigkeit eines Verkäufers oder Beraters, zu kalibrieren *und* den Kommunikationsstil des Kunden oder Klienten zu verstehen, ist wichtig für das Herstellen einer guten Verbindung und für gute Umsätze.

In Teil 3 dieses Buches werde ich im Detail erklären, wie sich die vier Kommunikationsstile vorzugsweise zum Ausdruck bringen.

TEIL 3

Die vier Kommunikationsstile

Wann es wichtig ist, den eigenen und den Kommunikationsstil anderer zu erkennen

Sobald Sie Ihren eigenen Kommunikationsstil erkannt haben, werden Sie verstehen, warum Sie Dinge auf eine bestimmte Weise darlegen und Fragen auf eine bestimmte Weise stellen.

Den Kommunikationsstil anderer zu verstehen, hilft Ihnen zu erkennen, warum diese Personen Informationen auf ihre jeweilige Weise empfangen und weitergeben.

Darüber Bescheid zu wissen, wird Ihnen helfen, flexibel zu sein und Ihren eigenen Kommunikationsstil so zu kalibrieren, dass Sie Rapport herstellen und Ihre Beziehungen zu allen Menschen, mit denen Sie zu tun haben, verbessern können.

Auf den folgenden Seiten werde ich Ihnen vier verschiedene Charaktere vorstellen, die sich jeweils wie typische Vertreter eines bestimmten Kommunikationsstils verhalten.

Durch diese Figuren werden Sie sich der Stärken und Schwächen Ihres eigenen Kommunikationsstils deutlicher bewusst und erfahren, warum Sie mit manchen Menschen sehr gut in Resonanz kommen und warum dies mit anderen nicht so leicht klappt.

Darüber hinaus werden Sie lernen, Ihren eigenen Kommunikationsstil so anzupassen, dass Sie in all Ihren Beziehungen mehr Rapport herstellen.

Diese Informationen sind für alle Bereiche Ihres Lebens von Bedeutung, denn:

- Vielleicht ist Ihr Kommunikationsstil anders als der Ihres Partners oder Ehegatten.
- Eine Mutter von vier Kindern findet vielleicht heraus, dass jedes ihrer Kinder einen anderen Kommunikationsstil hat.
- Ihre Freunde haben vielleicht unterschiedliche Kommunikationsstile, die entweder zu dem Ihren passen oder nicht.
- Ein Manager oder Vorgesetzter könnte unter seinen Mitarbeitern Vertreter aller vier Kommunikationsstile haben.
- Ein Lehrer könnte Repräsentanten aller vier Kommunikationsstile unter seinen Schülern haben.
- Verkäufer haben Kunden mit allen vier Kommunikationsstilen.

Im weiteren Verlauf dieses Buches finden Sie die folgenden Grafiken am unteren Rand jeder Seite gegenüber der Seitenzahl. Sie sollen Sie daran erinnern, welchen Kommunikationsstil wir gerade behandeln.

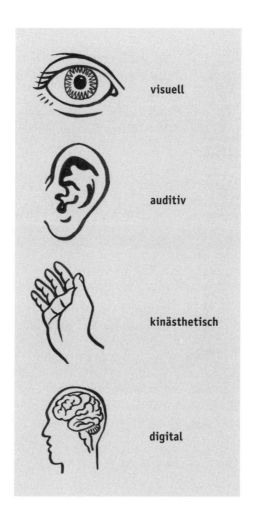

Der visuelle Kommunikationstyp

Darf ich vorstellen: die visuelle Vicky

Vickis Selbsteinschätzung hat ergeben, dass ihr höchster Wert im Bereich des Visuellen liegt.

Wenn dies auch bei Ihnen der Fall ist, kommen Sie mit Vicky und ihren Eigenarten höchstwahrscheinlich sehr gut klar. Denn Vicky verarbeitet Informationen auf die gleiche Weise wie Sie und kommuniziert auch wie Sie.

Wenn Ihr niedrigster Wert im Bereich des Visuellen lag, ist Vickys Stil ebenfalls von Interesse für Sie, denn dies ist der Kommunikationstyp, mit dem Sie die meisten Schwierigkeiten haben.

Auf den folgenden Seiten erfahren Sie mehr über den visuellen Kommunikationstyp und können herausfinden, wie Sie am besten eine gute Verbindung zu solchen Menschen herstellen.

Allgemeine Merkmale des visuellen Kommunikationsstils

Wenn Sie ein visueller Kommunikationstyp sind, werden Sie diese Eigenschaften zweifellos von sich selbst kennen. Falls nicht, werden Sie, sobald Sie verstanden haben, wie visuelle Typen Informationen aufnehmen und verarbeiten, in der Lage sein, schneller und leichter einen Draht zu ihnen zu bekommen.

Visuelle Kommunikationstypen ...

- ... sehen Dinge als Bilder.
- ... merken sich etwas, indem sie Bilder in ihrem Kopf entstehen lassen.
- ... lernen schnell.
- ... langweilen sich schnell, wenn sie nichts vorhaben.
- ... schätzen den Wert der Zeit. Sie fangen gern pünktlich an und hören pünktlich wieder auf.
- ... sehen lieber das »große Bild« als die Details.

Wie oft benutzen Sie diese Worte?

Hier ist eine Liste von Worten, die visuelle Kommunikationstypen häufig verwenden. Wenn Sie selbst ein visueller Typ sind, werden Ihnen diese Worte bekannt vorkommen. Wenn nicht, werden sie Ihnen eher fremd sein.

Markieren Sie in der folgenden Tabelle mit einem Kreuz oder einem Haken, welche dieser Ausdrücke Sie selten oder häufig benutzen.

	Selten	Häufig
Hauptaugenmerk		
Stell dir vor		
Schau		
Zeig		
Visualisieren		
Illustrieren		
Klar		
Klären		
Bild		
Strahlend		
Erscheinen		
Düster/nebulös		
Aussicht		
Erleuchten		

Was haben Sie aus dieser Übung gelernt? Was ist Ihnen deutlicher bewusst geworden?

Beispiel: Ich habe festgestellt, dass ich diese Ausdrücke nur ganz selten benutze.
Beispiel: Ich verwende diese Ausdrücke andauernd. Ich frage mich, ob ich sie vielleicht zu oft benutze?

_____
_____
_____
_____
_____
_____
_____
_____

Um Rapport aufzubauen und mit den visuellen Kommunikationstypen eine gute Beziehung aufzubauen, müssen Sie sich der Worte bewusst werden, die diese Menschen gern verwenden und am liebsten hören. Falls Sie selbst ein visueller Kommunikationstyp sind, sollten Sie sich auch klarmachen, wie oft Sie selbst diese Worte benutzen. Diese Bewusstheit macht Sie zum flexibleren Kommunikator und verbessert Ihren Kontakt zu Menschen, deren Kommunikationsstil sich von Ihrem unterscheidet.

Was visuelle Kommunikationstypen sagen

Außer auf die Worte zu hören, die visuelle Kommunikationstypen oft benutzen, können Sie auch darauf achten, welche Redewendungen sie häufig in Begrüßungssätzen und zur Verabschiedung gebrauchen.

Von visuellen Kommunikationstypen häufig benutzte Redewendungen:

- Das *sehe* ich auch so.
- Das ist nicht *klar* genug.
- Ich *sehe* Licht am Ende des Tunnels.
- Da *sehe* ich rot.
- Mir fehlt der *Überblick*.
- Ich brauche eine neue *Perspektive*.
- Jetzt *sehe* ich *klar*.

- Das ist mir zu *undurchsichtig*.
- Können Sie das *klären*?
- Das ist mir zu *nebulös*.

Von visuellen Kommunikationstypen häufig benutzte Begrüßungs- und Abschiedsformeln:

- Schön, dich zu *sehen*.
- Du *siehst* super *aus*.
- Wir haben uns lange nicht *gesehen*.
- Man *sieht* sich.
- *Auf Wiedersehen*.
- Wir *sehen* uns später.

Vorteile und Nachteile des visuellen Kommunikationsstils

Es ist wichtig zu verstehen, dass jeder Kommunikationsstil Vor- und Nachteile hat. Wenn Sie ein visueller Kommunikationstyp sind, müssen Sie wissen, was andere an Ihrem Stil mögen (Vorteile) und was oft eine Herausforderung für sie darstellt (Nachteile).

Was andere an visuellen Kommunikationstypen mögen:

- Sie können sehr schnell von einem Thema auf ein anderes umschalten.
- Sie sind gut darin, das »große Bild« oder die »Vision« zu verstehen und sich darauf einzustimmen.
- Sie sind hervorragende Zeitmanager.
- Sie sind gut im Entwickeln des »großen Bildes« oder von »Zukunftsvisionen«.

Andere Eigenschaften und Verhaltensweisen des visuellen Kommunikationstyps können jedoch eine echte Herausforderung für ihr Gegenüber darstellen.

Indem Sie sich dieser Nachteile bewusst werden und mit ihnen umzugehen lernen, bringen Sie mehr Flexibilität in Ihren Kommunikationsstil und kommen besser mit Menschen klar, deren Stil anders ist als Ihrer.

Was andere an visuellen Kommunikationstypen nicht mögen:

- Sie werden starr und unflexibel, wenn sie Änderungen in ihrem Zeitplan vornehmen sollen.
- Sie werden schnell ungeduldig, wenn sie sich Details anhören sollen oder etwas genau lesen müssen.
- Sie haben die Tendenz, Details zu überspringen.
- Sie haben manchmal nicht viel Geduld mit anderen.
- Sie neigen dazu, sich selbst und andere anzutreiben.

Wie man den Rapport mit einem visuellen Kommunikationstypen aufbaut und hält

Jeder kennt Situationen, in denen der Rapport mit jemandem unterbrochen wurde – von uns selbst oder von dem anderen. Wir wissen also, wie negativ sich das anfühlt. Es ist, als wäre die Verbindung zwischen uns und dem anderen wie abgeschnitten. Je besser Sie jedoch in Rapport mit jemandem sind, desto intensiver ist Ihre Beziehung zu diesem Menschen.

Wenn Sie selbst kein visueller Kommunikationstyp sind, ist es besonders wichtig zu wissen, was den Rapport mit jemandem, der ein solcher Typ ist, aufbaut oder unterbricht.

Weil die visuellen Kommunikationstypen *Zeit* so sehr schätzen, können Sie den Rapport aufbauen oder unterbrechen, indem Sie das Folgende tun:

Baut Rapport auf	Unterbricht den Rapport
Einen Zeitplan anbieten	Verabredete Termine verlegen, ohne ihnen Zeit zu geben, den Plan zu verändern, den sie im Kopf haben
Meetings/Konferenzen so kurz wie möglich halten	
Die Zeiten für Beginn und Ende der Besprechungen einhalten	Lange Geschichten mit zu vielen Details erzählen
Lange vorher ankündigen, wenn Veranstaltungen geändert, verschoben oder neu terminiert werden	Unnötig lange und ausführliche Meetings abhalten
	Zum vereinbarten Treffen zu spät kommen
Im Gespräch möglichst schnell auf den Punkt kommen	Sie um detaillierte Informationen bitten
	Lange Nachrichten auf dem Anrufbeantworter hinterlassen oder ausführliche E-Mails schicken

Wenn der visuelle Kommunikationstyp gestresst oder aus dem Gleichgewicht ist

Nicht selten geraten Menschen in Situationen, in denen sie gestresst, besorgt oder einfach nicht sie selbst sind. Es ist dann so, als sei ihr Leben zeitweilig aus der Balance geraten.

Unten habe ich eine Reihe von Situationen aufgelistet, die den meisten visuellen Typen Stress bereiten, zusammen mit den Verhaltensweisen, die sie dann wahrscheinlich an den Tag legen. Wenn Sie ein visueller Typ sind, werden Sie diese Verhaltensweisen von sich selbst kennen. Wenn Sie sie an einer anderen Person beobachten, können Sie getrost davon ausgehen, dass Sie es mit einem visuellen Kommunikationstyp zu tun haben.

Was stresst visuelle Typen oder bringt sie aus dem Gleichgewicht?

♦ Sie können starr und unflexibel werden, wenn das Bild, das sie im Kopf haben, zu schnell und zu oft geändert wird.
♦ Sie werden ungeduldig angesichts zu vieler Worte, Detailinformationen und des ununterbrochenen Redeflusses anderer.
♦ Es irritiert sie, wenn Projekte/Aufgaben nicht rechtzeitig erledigt werden oder wenn jemand zu einer Verabredung zu spät kommt.

Wenn Ihnen bewusst ist, was visuelle Typen stresst oder aus dem Gleichgewicht bringt, gibt es Dinge, die Sie tun können, um den Stress zu lindern und ihnen wieder zur Ausgeglichenheit zu verhelfen. Wenn Sie selbst ein visueller Typ sind, können Sie diese Strategien einsetzen, um sich selbst zu beruhigen und Ihre Balance zurückzugewinnen.

Was bringt visuelle Typen wieder ins Gleichgewicht?

♦ Geben Sie Entscheidungen, die eine Änderung des Termin- oder Ablaufplans zu Folge haben, möglichst früh bekannt. In einer persönlichen Beziehung könnte dies bedeuten, dass Sie Ihre Freundin oder Ihren Partner rechtzeitig darüber informieren, dass Sie später zum vereinbarten Treffen kommen als geplant. Im Geschäftsleben kann es bedeuten, dass Sie ein Meeting möglichst nicht erst in allerletzter Minute verlegen.
♦ Halten Sie Ihre Informationen kurz und klar. Ob Sie ein privates Treffen planen oder ein geschäftliches Meeting, nennen

Sie einfach nur die Zeit und den Ort. Geben Sie nicht mehr Detailinformationen, als ein visueller Typ braucht oder will.
- Gehen Sie davon aus, dass die betreffende Person Zeit braucht, um ihr Zimmer oder ihren Arbeitsplatz aufzuräumen und sauberzumachen.
- Schlagen Sie vor, dass der/die Betreffende ein Projekt oder eine Aktivität plant, sei es eine Urlaubsreise oder ein neuer Businessplan.

Wie man Fragen stellt, um von einem visuellen Kommunikationstyp Antworten zu bekommen

Wann ist es Ihnen gelungen, dem Kommunikationsstil eines anderen Menschen zu entsprechen und mit ihm Rapport herzustellen? Immer dann, wenn Ihr Gegenüber Ihre Fragen schnell und leicht beantwortet. Worte und Sätze zu benutzen, mit denen sich der andere identifizieren kann, ist eine Möglichkeit, diesen besonderen Kontakt herzustellen.

Hier einige Fragen, die den visuellen Kommunikationstyp zu schnellen Antworten veranlassen:

- Sind Sie im Bilde?
- Sieht doch gut aus, oder?
- Was ist Ihre Ansicht dazu?
- Wie sieht es bei Ihnen aus?
- Teilen Sie meine Vision?
- Habe ich mich klar genug ausgedrückt?

Nun, da Sie den visuellen Kommunikationsstil verstanden haben ...

Machen Sie eine Aufstellung der Menschen in Ihrem persönlichen und beruflichen Umfeld. Wer von ihnen, glauben Sie, verarbeitet Informationen auf die visuelle Weise? Tragen Sie den Namen dieser Person auf dem folgenden Arbeitsblatt in Spalte A ein. In Spalte B schreiben Sie, warum Sie vermuten oder woher Sie wissen, dass er oder sie Informationen visuell verarbeitet. In Spalte C schreiben Sie »ja« oder »nein«, je nachdem ob Sie Ihre Beziehung zu dieser Person für harmonisch und produktiv halten oder ob Sie der Ansicht sind, sie könnte durchaus noch verbessert werden.

A	B	C
Name	Warum ich glaube, dass er/sie ein visueller Typ ist	Gute Verbindung? Ja/nein
Victor	*Er mag kurze Meetings, benutzt viele visuelle Worte und spricht eine bildhafte Sprache.*	*Nein*

Für jedes Nein, das Sie in Spalte C geschrieben haben, schreiben Sie nun einen oder zwei Sätze, in denen Sie darlegen, was Sie tun können, um die Beziehung zu dem betreffenden Menschen zu verbessern.

Ich werde weniger Details erwähnen, wenn ich mich das nächste Mal mit Victor unterhalte.
Ich werde daran denken, mehr visuelle Worte zu benutzen.

Der auditive Kommunikationstyp

Darf ich vorstellen: der auditive Andreas

Andreas' Selbsteinschätzung hat ergeben, dass sein höchster Wert im Bereich des Auditiven liegt.

Wenn dies auch bei Ihnen der Fall ist, können Sie mit Andreas wahrscheinlich viel anfangen. Denn er verarbeitet Informationen auf die gleiche Weise und kommuniziert auch wie Sie.

Wenn Ihr niedrigster Wert im Bereich des Auditiven lag, ist Andreas' Stil ebenfalls von Interesse für Sie, denn dies ist der Kommunikationstyp, auf den Sie sich sehr bewusst einstellen sollten.

Auf den folgenden Seiten erfahren Sie mehr über den auditiven Kommunikationstyp und können herausfinden, wie Sie am besten in Resonanz mit solchen Menschen kommen.

Allgemeine Merkmale des auditiven Kommunikationsstils

Wenn Sie ein auditiver Kommunikationstyp sind, werden Sie diese Eigenschaften zweifellos von sich selbst kennen. Falls nicht, werden Sie, sobald Sie verstanden haben, wie auditive Typen »ticken«, in der Lage sein, schneller und leichter einen Draht zu ihnen zu bekommen.

Auditive Kommunikationstypen ...

- ... erinnern sich an das, was sie gehört haben, und zwar Wort für Wort.
- ... lernen durch Hören und machen sich oft noch nicht einmal Notizen.
- ... sind gute Geschichtenerzähler.
- ... sprechen mit sich selbst, wenn sie arbeiten oder sich konzentrieren. (Oft hört man sie Geräusche machen wie ahh, hmmm, oooh oder umm.)

Wie oft benutzen Sie diese Worte?

Hier ist eine Liste von Worten, die auditive Kommunikationstypen häufig benutzen. Wenn Sie selbst ein auditiver Typ sind, werden Ihnen diese Worte bekannt vorkommen. Wenn nicht, werden sie Ihnen eher fremd sein.

Markieren Sie in der folgenden Tabelle mit einem Kreuz oder einem Haken, welche dieser Ausdrücke Sie selten oder häufig benutzen.

	Selten	Häufig
Resonanz		
Harmonie		
Wiederholung		
Einstimmen		
Brummen		
Diskutieren		
Klingeln		
Zuhören		
Klang		
Laut		
Flüstern		
Ton		
Hören		
Sagen		
Brabbeln		
Klicken		
Stille, still		
Hörweite		

Was haben Sie aus dieser Übung gelernt? Was ist Ihnen deutlicher bewusst geworden?

Beispiel: Ich habe festgestellt, dass ich diese Ausdrücke nur ganz selten benutze.
Beispiel: Ich verwende diese Ausdrücke andauernd. Ich frage mich, ob ich sie vielleicht zu oft benutze?

_____
_____
_____
_____

Um Rapport aufzubauen und mit den auditiven Kommunikationstypen in Resonanz zu kommen, müssen Sie sich der Worte bewusst werden, die diese Menschen typischerweise verwenden und am liebsten hören. Falls Sie selbst ein auditiver Kommunikationstyp sind, müssen auch Sie sich darüber bewusst werden, wie oft Sie diese Worte benutzen. Diese Bewusstheit macht Sie zum flexibleren Kommunikator und verbessert Ihren Kontakt zu Menschen, deren Kommunikationsstil sich von Ihrem unterscheidet.

Was auditive Kommunikationstypen sagen

Außer auf die Worte zu hören, die auditive Kommunikationstypen oft benutzen, können Sie auch darauf achten, welche Redewendungen sie häufig in Begrüßungssätzen und zur Verabschiedung gebrauchen.

Von visuellen Kommunikationstypen häufig benutzte Redewendungen:

- *Erzählen* Sie mehr davon.
- Da *klingelt* was bei mir.
- Das ist *Musik* in meinen Ohren.

- Das war alles *leeres Geschwätz*.
- Er ist ganz mit sich im *Einklang*.
- *Aufgedreht / abgedreht*
- Das *hört* sich gut an.
- Da hat es *klick* gemacht.
- Das *klingt* nicht schlecht.

Von auditiven Kommunikationstypen häufig benutzte Begrüßungs- und Abschiedsformeln:

- Schön, dass wir uns mal wieder *gesprochen* haben.
- Du *klingst* gut.
- Wir haben lange nichts mehr voneinander *gehört*.
- Wir *hören* voneinander.
- Auf *Wiederhören*.
- Wir *sprechen* uns noch.

Vorteile und Nachteile des auditiven Kommunikationsstils

Es ist wichtig zu verstehen, dass jeder Kommunikationsstil Vor- und Nachteile hat. Wenn Sie ein auditiver Kommunikationstyp sind, müssen Sie wissen, was andere an Ihrem Stil mögen (Vorteile) und was oft eine Herausforderung für sie darstellt (Nachteile).

Was andere an auditiven Kommunikationstypen mögen:

- Sie sind häufig sehr eloquente Sprecher.
- Sie sind Ideengeber (gut im Brainstorming).
- Sie lieben Diskussionen und geben lange Beschreibungen und Erklärungen.
- Viele sind große Schriftsteller und gute Lektoren.

- Sie sind sehr gute Geschichtenerzähler.
- Sie verbessern gern (sowohl Dinge als auch Prozesse).

Andere Eigenschaften und Verhaltensweisen des auditiven Kommunikationstyps können jedoch eine echte Herausforderung für ihr Gegenüber darstellen.

Indem Sie sich dieser Nachteile bewusst werden und mit ihnen umzugehen lernen, bringen Sie mehr Flexibilität in Ihren Kommunikationsstil und kommen besser in Resonanz mit Menschen, deren Stil anders ist als Ihrer.

Was andere an auditiven Kommunikationstypen nicht mögen:

- Sie sind tendenziell unverblümt und schroff oder wirken häufig zu direkt.
- Sich diplomatisch zu verhalten ist eine echte Herausforderung für sie.
- Sie sagen ihre Meinung, ob sie darum gebeten werden oder nicht.
- Sie werden schnell wütend, wenn sie das Gefühl haben, kein Gehör zu finden.
- Wenn sie wütend sind, streiten sie, um ihren Standpunkt zu verteidigen und andere ins Unrecht zu setzen.
- Sie unterbrechen andere mitten im Satz und lassen sie nicht ausreden.
- Sie haben die Tendenz, sprunghaft von einem Thema aufs andere zu kommen.
- Sie reagieren sauer und ziehen sich zurück, wenn ihre Ideen nicht akzeptiert werden.
- Sie hören sich häufig gern selbst reden.
- Sie wiederholen sich so lange, bis sie überzeugt sind, dass man ihnen zuhört.

Wie man den Rapport mit einem auditiven Kommunikationstypen aufbaut und aufrechterhält

Jeder kennt Situationen, in denen der Rapport mit jemandem unterbrochen wurde – von uns selbst oder von dem anderen. Wir wissen also, wie negativ sich das anfühlt. Es ist so, als wäre die Verbindung zwischen uns und dem anderen wie abgeschnitten. Je besser Sie jedoch in Rapport mit jemandem sind, desto intensiver ist Ihre Beziehung zu diesem Menschen.

Wenn Sie selbst kein auditiver Kommunikationstyp sind, ist es besonders wichtig zu wissen, was den Rapport mit jemandem, der ein solcher Typ ist, aufbaut oder unterbricht.

Weil die auditiven Kommunikationstypen *Fairness* so sehr schätzen, können Sie den Rapport aufbauen oder unterbrechen, indem Sie das Folgende tun:

Baut Rapport auf	Unterbricht den Rapport
Ihnen persönliche Fragen stellen	Etwas anderes tun, während sie mit Ihnen reden (das gibt ihnen das Gefühl, ungehört zu bleiben)
Sie nicht unter Druck setzen	Sie oft unterbrechen
Ihnen helfen, beim Thema zu bleiben	Die Stimme erheben, wenn Sie mit ihnen sprechen
Genau hinhören	In harschem Ton mit ihnen sprechen
Abläufe in kleine Schritte einteilen und ihnen helfen, Prioritäten zu setzen	Sie hetzen, wenn sie eine Geschichte erzählen
Dinge mehrmals für sie wiederholen	Worte schlampig oder falsch benutzen
Ihnen sagen, dass Sie sie gehört haben (»Ich habe dich/Sie gehört.« oder: »Ich höre, was Sie sagen.«)	Hintergrundgeräusche, die sie nicht ausschalten können
	Audiomaterial benutzen, das technisch oder sprachlich/grammatikalisch von schlechter Qualität ist

Wenn der auditive Kommunikationstyp gestresst oder aus dem Gleichgewicht ist

Wir alle kennen Situationen, in denen Menschen gestresst, besorgt oder einfach nicht sie selbst sind. Es ist dann so, als sei ihr Leben zeitweilig aus der Balance geraten.

Unten habe ich eine Reihe von Situationen aufgelistet, die den meisten auditiven Typen Stress bereiten, zusammen mit den Verhaltensweisen, die sie dann wahrscheinlich an den Tag legen. Wenn Sie ein auditiver Typ sind, werden Sie diese Verhaltensweisen von sich selbst kennen. Wenn Sie sie an einer anderen Person beobachten, können Sie getrost davon ausgehen, dass Sie es mit einem auditiven Kommunikationstyp zu tun haben.

Was stresst auditive Typen oder bringt sie aus dem Gleichgewicht?

- ♦ Sie ziehen sich zurück und sind vielleicht frustriert, wenn ihre Ideen infrage gestellt oder abgelehnt werden.
- ♦ Sie erheben die Stimme, wenn sie das Gefühl haben, kein Gehör zu finden.
- ♦ Mitten im Gespräch setzen sie plötzlich zu einem langatmigen Vortrag an.

Wenn Ihnen bewusst ist, was auditive Typen stresst oder aus dem Gleichgewicht bringt, gibt es Dinge, die Sie tun können, um den Stress zu lindern und ihnen wieder zu Ausgeglichenheit zu verhelfen. Wenn Sie selbst ein auditiver Typ sind, können Sie diese Strategien einsetzen, um sich selbst zu beruhigen und Ihre Balance zurückzugewinnen.

Was bringt auditive Typen wieder ins Gleichgewicht?

- Geben Sie ihnen zu verstehen, dass Sie für ihre Beiträge und Ideen offen sind.
- Sagen Sie ihnen, dass Sie ihnen für eine bestimmte Zeit Gehör schenken werden.
- Seien Sie als Zuhörer absolut präsent und schenken Sie ihnen Ihre ganze Aufmerksamkeit.
- Bringen Sie sie, wenn sie vom Thema abkommen oder zu lange sprechen, behutsam wieder auf die richtige Spur zurück.
- Helfen Sie ihnen, sich auf genau das zu konzentrieren, was sie wirklich wollen.

Wie man Fragen stellt, um von einem auditiven Kommunikationstyp Antworten zu bekommen

Es ist Ihnen immer dann gelungen, den Kommunikationsstil eines anderen zu erkennen und sich entsprechend kalibriert zu haben, wenn Ihr Gegenüber Ihre Fragen schnell und leicht beantwortet. Worte und Sätze zu benutzen, mit denen sich der andere identifizieren kann, ist eine Möglichkeit, diesen besonderen Kontakt herzustellen.

Hier einige Fragen, die den auditiven Kommunikationstyp zu schnellen Antworten veranlassen:

- Wie hört sich das an?
- Sagen Sie …
- Sind wir auf derselben Wellenlänge?
- Was ist Ihre Idee?
- Klingelt da was?
- Wie kann das verbessert werden?
- Macht es da »klick« bei dir?

- Klingt gut, oder?
- Gibt es da irgendeine Resonanz in dir?

Nun, da Sie den auditiven Kommunikationsstil verstanden haben ...

Machen Sie eine Aufstellung der Menschen in Ihrem persönlichen und beruflichen Umfeld. Wer von ihnen, glauben Sie, verarbeitet Informationen auf die auditive Weise? Tragen Sie den Namen dieser Person auf dem folgenden Arbeitsblatt in Spalte A ein. In Spalte B schreiben Sie, warum Sie vermuten oder woher Sie wissen, dass er oder sie Informationen auditiv verarbeitet. In Spalte C schreiben Sie »ja« oder »nein«, je nachdem ob Sie Ihre Beziehung zu dieser Person für gut halten oder ob Sie der Ansicht sind, sie könnte durchaus noch verbessert werden.

A	B	C
Name	Warum ich glaube, dass er/sie ein auditiver Typ ist	Gute Verbindung? Ja/nein
Andreas	*Er redet gern – und viel. Er ist ein toller Ideengeber und erzählt für sein Leben gern Geschichten.*	*Nein*

Für jedes Nein, das Sie in Spalte C geschrieben haben, schreiben Sie nun einen oder zwei Sätze, in denen Sie darlegen, was Sie tun können, um die Beziehung zu dem betreffenden Menschen zu verbessern.

Ich kann ihn fragen, wie man etwas verbessern könnte, und gebe ihm damit eine »eigene Stimme«.
Ich höre wirklich gut zu und bestätige ihn, indem ich sage: »Ich höre dich.«

_____
_____
_____
_____
_____
_____
_____
_____
_____
_____
_____
_____

Der kinästhetische Kommunikationstyp

Darf ich vorstellen: die kinästhetische Karin

Karins Selbsteinschätzung hat ergeben, dass ihr höchster Wert im Bereich des Kinästhetischen liegt.

Wenn dies auch bei Ihnen der Fall ist, können Sie sich mit Karin wahrscheinlich sehr gut verständigen. Denn sie verarbeitet Informationen auf die gleiche Weise wie Sie und kommuniziert auch wie Sie.

Wenn Ihr niedrigster Wert im Bereich des Kinästhetischen lag, ist Karins Stil ebenfalls von Interesse für Sie, denn dies ist der Kommunikationstyp, der Sie vor die größten Herausforderungen stellt.

Auf den folgenden Seiten erfahren Sie mehr über den kinästhetischen Kommunikationstyp. Finden Sie heraus, wie Sie am besten eine befriedigende Verbindung zu solchen Menschen herstellen!

Allgemeine Merkmale des kinästhetischen Kommunikationsstils

Wenn Sie ein kinästhetischer Kommunikationstyp sind, werden Sie diese Eigenschaften zweifellos von sich selbst kennen. Falls nicht, werden Sie, sobald Sie verstanden haben, wie kinästhetische Typen »funktionieren«, ganz bestimmt schneller und leichter einen Draht zu ihnen bekommen.

Kinästhetische Kommunikationstypen ...

- ... sprechen oft langsam.
- ... lernen am besten durch Tun.
- ... brauchen Zeit, um sich in neue Informationen »einzufühlen«.
- ... sagen oft, dass sie »das Gefühl haben«, etwas sei richtig oder falsch, wenn sie eine Entscheidung treffen müssen.
- ... nehmen sich gern Zeit, um sich in einer neuen Umgebung »einzugewöhnen« oder mit einer Situation »anzufreunden«.

Wie oft benutzen Sie diese Worte?

Hier ist eine Liste von Worten, die kinästhetische Kommunikationstypen häufig benutzen. Wenn Sie selbst ein kinästhetischer Typ sind, werden Ihnen diese Worte bekannt vorkommen. Wenn nicht, werden sie Ihnen eher fremd sein.
Markieren Sie in der folgenden Tabelle mit einem Kreuz oder einem Haken, welche dieser Ausdrücke Sie selten oder häufig benutzen.

	Selten	Häufig
Fühlen		
Fest		
Zusammen		
Beziehung		
Berührung		
Verbinden		
Drücken		
Fangen		
Hart		
Vollständig		
Spaß		
Weich		
Spiel		
Betäubt		
Stolpern, stammeln		
Fit		
Schlagen		
Bequem		
Greifen, hantieren mit		

Was haben Sie aus dieser Übung gelernt? Was ist Ihnen deutlicher bewusst geworden?

Beispiel: Ich habe festgestellt, dass ich diese Ausdrücke nur ganz selten benutze.
Beispiel: Ich verwende diese Ausdrücke andauernd. Ich frage mich, ob ich sie vielleicht zu oft benutze?

_____
_____
_____
_____

Um Rapport aufzubauen und mit den kinästhetischen Kommunikationstypen in Resonanz zu kommen, müssen Sie sich der Worte bewusst werden, die diese Menschen benutzen und am liebsten hören. Falls Sie selbst ein kinästhetischer Kommunikationstyp sind, müssen Sie sich auch klarmachen, wie oft Sie selbst diese Worte verwenden. Diese Bewusstheit macht Sie zum flexibleren Gesprächspartner und verbessert Ihren Kontakt zu Menschen, deren Kommunikationsstil sich von Ihrem unterscheidet.

Was kinästhetische Kommunikationstypen sagen

Außer auf die Worte zu hören, die kinästhetische Kommunikationstypen oft benutzen, können Sie auch darauf achten, welche Redewendungen sie häufig in Begrüßungssätzen und zur Verabschiedung gebrauchen.

Von kinästhetischen Kommunikationstypen häufig benutzte Redewendungen:

- Das Thema haben wir noch gar nicht *berührt*.
- *Freunde* dich damit an.

- Wollen wir das zusammen *durchgehen*?
- Da hat er mich auf dem falschen *Fuß* erwischt.
- Perfekt auf den *Punkt* gebracht!
- Das *fühlt* sich für mich richtig an.
- Ich habe es *begriffen*.
- So ist es besser *handhabbar*.
- *Passt!*
- Das *sitzt* perfekt.

Von kinästhetischen Kommunikationstypen häufig benutzte Begrüßungs- und Abschiedsformeln:

- Ich *freue mich* immer, wenn du anrufst.
- Ich bin *froh*, von dir zu hören.
- Ich bin *begeistert*, dass du dich meldest.
- Lass uns in *Kontakt* bleiben.
- Es *fühlt* sich gut an, wieder in *Verbindung* zu sein.
- *Pass auf dich auf.*
- Ich *umarme* dich.
- Wir bleiben in *Verbindung*.
- Schön, dich zu *treffen*.
- Lass uns bald *zusammenkommen*.

Vorteile und Nachteile des kinästhetischen Kommunikationsstils

Es ist wichtig zu verstehen, dass jeder Kommunikationsstil Vor- und Nachteile hat. Wenn Sie ein kinästhetischer Kommunikationstyp sind, müssen Sie wissen, was andere an Ihrem Stil mögen (Vorteile) und was oft eine Herausforderung für sie darstellt (Nachteile).

Was andere an kinästhetischen Kommunikationstypen mögen:

- Sie sind gut darin, Beziehungen aufzubauen.
- Sie sind extrem loyal.
- Sie sind nährend und unterstützend.
- Sie sind detailorientiert.
- Sie sind gute Teamarbeiter.

Andere Eigenschaften und Verhaltensweisen des kinästhetischen Kommunikationstyps können jedoch eine echte Herausforderung für ihr Gegenüber darstellen.

Indem Sie sich dieser Nachteile bewusst werden und mit ihnen umzugehen lernen, bringen Sie mehr Flexibilität in Ihren Kommunikationsstil und kommen mit Menschen, deren Stil anders ist als Ihrer, auf Tuchfühlung.

Was andere an kinästhetischen Kommunikationstypen nicht mögen:

- Den meisten fällt es schwer, schnelle Entscheidungen zu treffen.
- Sie fühlen sich manchmal überfordert, wenn sie zu viele Wahlmöglichkeiten haben.
- Sie haben die Tendenz, mehr Details zu liefern, als die meisten Menschen brauchen oder wollen.
- Sie sind oft langsam und methodisch und brauchen daher mehr Zeit als andere, um eine Aufgabe zu Ende zu bringen.
- Manche sind bedürftig und brauchen daher sehr viel Aufmerksamkeit, sowohl in persönlichen als auch in beruflichen Beziehungen.

Wie man den Rapport mit einem kinästhetischen Kommunikationstypen aufbaut und aufrechterhält

Auch Sie waren ganz bestimmt schon in Situationen, in denen der Rapport mit jemandem unterbrochen wurde – von Ihnen oder von dem anderen. Wir wissen also, wie negativ sich das anfühlt. Es ist so, als wäre die Verbindung zwischen uns und dem anderen wie abgeschnitten. Je besser Sie jedoch in Resonanz mit jemandem sind, desto intensiver ist Ihre Verbindung mit diesem Individuum.

Wenn Sie selbst kein kinästhetischen Kommunikationstyp sind, ist es besonders wichtig zu wissen, was den Rapport mit jemandem, der ein solcher Typ ist, aufbaut oder unterbricht.

Weil die kinästhetischen Kommunikationstypen *Beziehungen* und *Kontakte* so sehr schätzen, können Sie den Rapport aufbauen oder unterbrechen, indem Sie das Folgende tun:

Baut Rapport auf	Unterbricht den Rapport
Einen Terminplan sowohl für persönliche als auch für geschäftliche Treffen zur Verfügung stellen	Das Gefühl, ausgeschlossen zu sein
	Unterbrochen oder »totgequatscht« zu werden
In Gruppensituationen auf jeden Fall Kontakt mit ihnen aufnehmen, damit sie sich zugehörig fühlen	Von zu vielen Ideen oder Wahlmöglichkeiten überwältigt zu werden
Sensibel sein für ihr Bedürfnis, sich in der jeweiligen Umgebung wohlzufühlen	Ihre intuitiven und emotionalen Reaktionen oder Beiträge zu einem Plan oder Projekt nicht beachten
Beginn und Ende aller Veranstaltungen und Projekte nennen	
Ihnen Zeit für Kreativität, Spaß, Spiel und soziale Kontakte geben	Durch zu viel Analysieren den Spaß bremsen und ihre Kreativität ersticken
Ihnen ein paar wenige klare und einfache Wahlmöglichkeiten geben	

Wenn der kinästhetische Kommunikationstyp gestresst oder aus dem Gleichgewicht ist

Wir alle kennen Situationen, in denen Menschen gestresst, besorgt oder einfach nicht sie selbst sind. Es ist dann, als sei das Leben dieser Menschen zeitweilig aus der Balance geraten.

Unten habe ich eine Reihe von Situationen aufgelistet, die den meisten kinästhetischen Typen Stress bereiten, zusammen mit den Verhaltensweisen, die sie dann wahrscheinlich an den Tag legen. Falls Sie ein kinästhetischer Typ sind, werden Sie diese Verhaltenweisen von sich selbst kennen. Wenn Sie sie an einer anderen Person beobachten, können Sie getrost davon ausgehen, dass Sie es mit einem kinästhetischen Kommunikationstyp zu tun haben.

Was stresst kinästhetische Typen oder bringt sie aus dem Gleichgewicht?

- Sie sind gekränkt, wenn sie merken, dass sie ausgeschlossen oder nicht beachtet werden.
- Wenn sie sich in einer Situation oder Beziehung nicht wohl oder sicher fühlen, kann es sein, dass sie den Bedürftigen herauskehren und Aufmerksamkeit einfordern.
- Wenn sie eine Situation oder Beziehung als negativ empfinden, ziehen sie sich oft zurück und wollen fliehen – sowohl physisch als auch emotional.
- Wenn sie zu viele Wahlmöglichkeiten oder komplizierte Aufgaben zu bewältigen haben, fühlen sie sich oft überfordert und fangen an, sich um Dinge, die getan werden müssen, zu drücken.
- Sie tun fast alles, um Konflikte zu vermeiden, und bleiben eher passiv, als für sich selbst einzustehen oder ihre Meinung kundzutun.

Wenn Ihnen bewusst ist, was kinästhetische Typen stresst oder aus dem Gleichgewicht bringt, gibt es Dinge, die Sie tun können, um den Stress zu lindern und ihnen wieder zu Ausgeglichenheit zu verhelfen. Wenn Sie selbst ein kinästhetischer Typ sind, können Sie diese Strategien einsetzen, um sich selbst zu beruhigen und Ihre Balance zurückzugewinnen.

Was bringt kinästhetische Typen wieder ins Gleichgewicht?

- Fragen Sie diesen Menschen, wie Sie ihn am besten unterstützen können.
- Gewähren Sie ihm genügend Zeit und Raum.
- Ermutigen Sie Ihr Gegenüber, die eigenen Gefühle von den Gefühlen anderer Menschen zu trennen.
- Geben Sie die Führung, die die/der Betreffende braucht, um in Aktion treten und vorankommen zu können.
- Überfordern Sie sie nicht mit zu vielen Informationen auf einmal. Teilen Sie Projekte in kleine Schritte auf und geben Sie im Voraus bekannt, wann jeder Schritt beginnt.
- Bieten Sie sich als »Unterstützer« und Teamworker an.
- Hören Sie geduldig zu und lassen Sie ihnen viel Zeit, zum Punkt zu kommen.

Wie man Fragen stellt, um von einem kinästhetischen Kommunikationstyp Antworten zu bekommen

Dass Sie mit Ihrer Analyse des Kommunikationsstils eines anderen ins Schwarze getroffen haben und mit ihm oder ihr in Resonanz gekommen sind, wissen Sie, wenn Ihr Gegenüber Ihre Fragen schnell und leicht beantwortet. Worte und Sätze zu benutzen, mit denen sich der andere identifizieren kann, ist eine Möglichkeit, Rapport herzustellen.

Hier einige Fragen, die den kinästhetischen Kommunikationstyp zu schnellen Antworten veranlassen:

- Wie fühlen Sie sich damit?
- Wie müsste es sein, damit Sie ein besseres Gefühl dabei hätten?
- Passt es Ihnen so?
- Können Sie sich damit anfreunden?
- Sind Sie damit zufrieden?
- Funktioniert das für Sie?

Nun, da Sie den kinästhetischen Kommunikationsstil verstanden haben ...

Machen Sie eine Aufstellung der Menschen in Ihrem persönlichen und beruflichen Umfeld. Wer, glauben Sie, verarbeitet Informationen auf kinästhetische Weise? Tragen Sie den Namen dieser Person auf dem folgenden Arbeitsblatt in Spalte A ein. In Spalte B schreiben Sie, warum Sie vermuten oder woher Sie wissen, dass er oder sie Informationen kinästhetisch verarbeitet. In Spalte C schreiben Sie »ja« oder »nein«, je nachdem ob Sie Ihre Verbindung zu dieser Person für gut halten oder der Ansicht sind, sie könnte durchaus noch verbessert werden.

A	B	C
Name	Warum ich glaube, dass er/sie ein kinästhetischer Typ ist	Gute Verbindung? Ja/nein
Karin	Sie braucht sehr lange, um meine Fragen zu beantworten, und fühlt sich überfordert, wenn ich sie antreibe.	Nein

Für jedes Nein, das Sie in Spalte C geschrieben haben, schreiben Sie nun einen oder zwei Sätze, in denen Sie darlegen, was Sie tun können, um die Beziehung zu dem betreffenden Menschen zu verbessern.

Ich werde ihr Zeit geben, sich in die Fragen »einzufühlen«, die ich ihr stelle.
Ich werde mehr Kontakt zu ihr aufbauen, bevor wir zum Geschäftlichen kommen.

Ich werde mehr »Gefühlsworte« verwenden, wenn wir uns unterhalten.
Ich werde ihr Zeit geben, sich mitzuteilen, oder sie umarmen.

Der digitale Kommunikationstyp

Darf ich vorstellen: der digitale Dirk

Dirks Selbsteinschätzung hat ergeben, dass sein höchster Wert im Bereich des Digitalen liegt.

Wenn dies auch bei Ihnen der Fall ist, können Sie mit Dirk und damit, wie er sich gibt, wahrscheinlich eine Menge anfangen. Denn er verarbeitet Informationen auf die gleiche Weise wie Sie und kommuniziert auch wie Sie selbst.

Wenn Ihr niedrigster Wert im Bereich des Digitalen liegt, ist Dirks Stil ebenfalls von Interesse für Sie, denn dies ist der Kommunikationstyp, der Sie immer wieder besonders fordert.

Auf den folgenden Seiten erfahren Sie mehr über den digitalen Kommunikationstyp und können herausfinden, wie Sie am besten mit solchen Menschen kommunizieren.

Allgemeine Merkmale des digitalen Kommunikationsstils

Wenn Sie ein digitaler Kommunikationstyp sind, werden Sie diese Eigenschaften zweifellos von sich selbst kennen. Falls nicht, werden Sie, sobald Sie den digitalen Typ »erkannt« haben, in der Lage sein, schneller und leichter eine harmonische und produktive Beziehung miteinander einzugehen.

Digitale Kommunikationstypen ...

- ... merken sich Sachverhalte in Schritten und Sequenzen.
- ... verarbeiten Informationen auf methodische, rationale und logische Weise.
- ... sind sehr detailorientiert.
- ... haben das starke Bedürfnis, ihre Umwelt zu verstehen.
- ... lernen, indem sie Dinge geistig-intellektuell verarbeiten.
- ... brauchen Zeit, um neue Informationen zu verarbeiten.

Wie oft benutzen Sie diese Worte?

Hier ist eine Liste von Worten, die digitale Kommunikationstypen häufig benutzen. Wenn Sie selbst ein digitaler Typ sind, werden Ihnen diese Worte bekannt vorkommen. Wenn nicht, werden sie Ihnen eher fremd sein.

Markieren Sie in der folgenden Tabelle mit einem Kreuz oder einem Haken, welche dieser Ausdrücke Sie selten oder häufig benutzen.

	Selten	Häufig
Wahrnehmen		
Bedenken		
Detail		
Wissen		
Beschreiben		
Herausfinden		
Prozess		
Logisch		
Ausdenken		
Verändern		
Reihenfolge/Sequenz		
Erstens, zweitens ...		
Und schließlich		
Denken		
Rational		
Beschließen		
Verstehen		

Was haben Sie aus dieser Übung gelernt? Was ist Ihnen deutlicher bewusst geworden?

Beispiel: Ich habe festgestellt, dass ich diese Ausdrücke nur ganz selten benutze.
Beispiel: Ich verwende diese Ausdrücke andauernd. Ich frage mich, ob ich sie vielleicht zu oft benutze?

_____
_____
_____
_____
_____
_____

Um mit digitalen Kommunikationstypen in Resonanz zu kommen und Rapport aufzubauen, müssen Sie sich der Worte bewusst werden, die diese selbst bevorzugen und die sie am liebsten hören. Falls Sie selbst ein digitaler Kommunikationstyp sind, müssen Sie sich auch klarmachen, wie oft Sie selbst diese Worte benutzen. Diese Bewusstheit macht Sie zum flexibleren Kommunikator und verbessert Ihren Kontakt zu Menschen, deren Kommunikationsstil sich von Ihrem unterscheidet.

Was digitale Kommunikationstypen sagen

Außer auf die Worte zu hören, die digitale Kommunikationstypen oft benutzen, können Sie auch darauf achten, welche Redewendungen sie häufig in Begrüßungssätzen und zur Verabschiedung gebrauchen.

Von digitalen Kommunikationstypen häufig benutzte Redewendungen:

- Ohne *Zweifel*.
- *Wort für Wort*.
- Ich werde Ihnen das *im Detail beschreiben*.
- Ich werde es *herausfinden*.

- Das macht *Sinn*.
- Darauf müssen wir *achten*.
- Ich *weiß*.
- Ich *weiß*, was Sie *meinen*.

Von digitalen Kommunikationstypen häufig benutzte Begrüßungs- und Abschiedsformeln:

- Hallo.
- Ja … (am Telefon)
- Dirk hier. (am Telefon)
- Tschüss.
- Moin.
- Bis dann.

Vorteile und Nachteile des digitalen Kommunikationsstils

Es ist wichtig zu verstehen, dass jeder Kommunikationsstil Vor- und Nachteile hat. Wenn Sie ein digitaler Kommunikationstyp sind, müssen Sie wissen, was andere an Ihrem Stil mögen (Vorteile) und was oft eine Herausforderung für sie darstellt (Nachteile).

Was andere an digitalen Kommunikationstypen mögen:

- Sie sind gut im Lösen komplexer Probleme.
- Sie sind großartige Strategen.
- Sie sind hervorragend im Einteilen und Strukturieren von Aufgaben und Projekten.
- In Detailfragen sind sie extrem gut.
- Sie sind sehr geschickt im Planen von Veranstaltungen, Partys oder Ausflügen.

- Sie sehen, wie die Puzzleteile zusammenpassen, bis das »große Bild« entsteht.
- Sie sind geradezu »erbittert« loyal.

Andere Eigenschaften und Verhaltensweisen des digitalen Kommunikationstyps können jedoch eine echte Herausforderung für ihr Gegenüber darstellen.

Indem Sie sich dieser Nachteile bewusst werden und mit ihnen umzugehen lernen, bringen Sie mehr Flexibilität in Ihren Kommunikationsstil und kommen besser in Kontakt mit Menschen, deren Stil anders ist als Ihrer.

Was andere an digitalen Kommunikationstypen nicht mögen:

- Sie brauchen lange, bis sie neuen Menschen, Tatbeständen oder auch Ideen Vertrauen entgegenbringen.
- Sie hassen es, unterbrochen zu werden.
- Sie können sehr stur sein und lassen sich gern bitten, hassen es aber, wenn man ihnen Vorschriften macht.
- Sie geben Informationen nicht von sich aus weiter, sondern müssen eigens darum gebeten werden.

Wie man den Rapport mit einem digitalen Kommunikationstypen aufbaut und aufrechterhält

Wir alle kennen jene Situationen, in denen der Rapport mit jemandem unterbrochen wurde – von uns oder von dem anderen. Wir wissen also, wie negativ sich das anfühlt. Es ist so, als wäre die Verbindung zwischen uns wie abgeschnitten. Je besser Sie jedoch in Rapport mit jemandem sind, desto intensiver ist Ihre Verbindung mit diesem Individuum.

Wenn Sie selbst kein digitaler Kommunikationstyp sind, ist es besonders wichtig zu wissen, was den Rapport mit jemandem, der ein solcher Typ ist, aufbaut oder unterbricht.

Weil die digitalen Kommunikationstypen es so sehr schätzen, über ihre Zukunft Bescheid zu *wissen*, können Sie den Rapport aufbauen oder unterbrechen, indem Sie das Folgende tun:

Baut Rapport auf	Unterbricht den Rapport
Einen Zeitplan vorgeben	In ihre Privatsphäre eindringen
Zeitfenster mit ihnen festlegen	Eine unmittelbare Antwort auf Fragen erwarten, die ihnen gestellt wurden, während sie mit etwas anderem beschäftigt waren
Ihnen Zeit zur Beendigung und Vervollständigung von Abläufen geben	
Logisch vorgehen und Zahlen und Fakten zur Verfügung stellen, wenn Entscheidungen getroffen werden müssen	Ihnen zu viele neue Ideen vorstellen, ohne ihnen die Zeit zu geben, sich mit den Details zu beschäftigen
Für eine ruhige und private Arbeitsumgebung sorgen	Ihnen sagen, was sie tun sollen, statt sie zu fragen und/oder ihnen Wahlmöglichkeiten zu geben
Ihnen genügend Vorbereitungszeit geben	
Ihnen zeigen, dass man ihnen vertraut	Ihre Beiträge für selbstverständlich halten und versäumen, sie entsprechend anzuerkennen
	Den Plan ändern, ohne sie in diesen Prozess einzubeziehen

Wenn der digitale Kommunikationstyp gestresst oder aus dem Gleichgewicht ist

Wir alle kennen Situationen, in denen Menschen gestresst, besorgt oder einfach nicht sie selbst sind. Es ist dann, als sei ihr Leben zeitweilig aus der Balance geraten.

Unten habe ich eine Reihe von Situationen aufgelistet, die den meisten digitalen Typen Stress bereiten, zusammen mit den Verhaltensweisen, die sie dann wahrscheinlich an den Tag legen. Falls Sie ein digitaler Typ sind, werden Sie diese Verhaltenweisen von sich selbst kennen. Wenn Sie sie an einer anderen Person beobachten, können Sie getrost davon ausgehen, dass Sie es mit einem digitalen Kommunikationstyp zu tun haben.

Was stresst digitale Typen oder bringt sie aus dem Gleichgewicht?

- Wenn ihr Terminplan nicht eingehalten oder ihre Routine durcheinandergebracht wird, werden sie schnell halsstarrig und bockig.
- Wenn »ihre« Ordnung gestört ist, versuchen sie sie wiederherzustellen, und zwar ohne Rücksicht auf die Bedürfnisse und Gefühle anderer.
- Wenn sie unter Stress stehen, ziehen sie sich zurück und kommunizieren nicht mehr.
- Dinge, die *vielleicht* irgendwann in der Zukunft eintreten, können zum Stressfaktor für sie werden.

Wenn Ihnen bewusst ist, was digitale Typen stresst oder aus dem Gleichgewicht bringt, gibt es Dinge, die Sie tun können, um den Stress zu lindern und ihnen wieder zu Ausgeglichenheit zu verhelfen. Wenn Sie selbst ein digitaler Typ sind, können Sie diese

Strategien einsetzen, um sich selbst zu beruhigen und Ihre Balance zurückzugewinnen.

Was bringt digitale Typen wieder ins Gleichgewicht?

- Fragen Sie sie, was sie brauchen, um etwas verbessern zu können.
- Geben Sie ihnen Zeit, Dinge wirklich zu durchdenken.
- Erinnern Sie sie daran, etwas zu essen, denn das vergessen sie oft, wenn sie intensiv mit einem Projekt beschäftigt sind.
- Raten Sie ihnen, dem momentanen Prozess zu vertrauen und sich nicht so viele Gedanken um die Zukunft zu machen.

Wie man Fragen stellt, um von einem digitalen Kommunikationstyp Antworten zu bekommen

Dass Sie sich erfolgreich auf den Kommunikationsstil eines anderen kalibriert haben und mit ihm oder ihr in Resonanz gekommen sind, wissen Sie, wenn Ihr Gegenüber Ihre Fragen schnell und leicht beantwortet. Worte und Sätze zu benutzen, mit denen sich der andere identifizieren kann, ist eine Möglichkeit, diesen Kontakt herzustellen.

Hier einige Fragen, die den digitalen Kommunikationstyp zu schnellen Antworten veranlassen:

- Was, denken Sie, bedeutet das?
- Verstehen Sie?
- Macht das Sinn?
- Ergibt das einen Sinn für Sie?
- Wie denken Sie darüber?
- Was sind Ihre Gedanken dazu?
- Können Sie mir das mal ganz genau beschreiben?

Nun, da Sie den digitalen Kommunikationsstil verstanden haben ...

Machen Sie eine Aufstellung der Menschen in Ihrem persönlichen und beruflichen Umfeld. Wer, glauben Sie, verarbeitet Informationen auf die digitale Weise? Tragen Sie den Namen dieser Person auf dem folgenden Arbeitsblatt in Spalte A ein. In Spalte B schreiben Sie, warum Sie vermuten oder woher Sie wissen, dass er oder sie Informationen digital verarbeitet. In Spalte C schreiben Sie »ja« oder »nein«, je nachdem ob Sie Ihre Verbindung zu dieser Person für gut halten oder der Ansicht sind, sie könnte durchaus noch verbessert werden.

A	B	C
Name	Warum ich glaube, dass er/sie ein digitaler Typ ist	Gute Verbindung? Ja/nein
David	*Er will immer alle Einzelheiten wissen und braucht oft viel Zeit, um meine Fragen zu verarbeiten.*	*Ja*
Anne	*Hasst es, wenn man ihren Gedankengang unterbricht, während sie am Computer arbeitet.*	*Nein*

A	B	C
Name	Warum ich glaube, dass er/sie ein digitaler Typ ist	Gute Verbindung? Ja/nein

Für jedes Nein, das Sie in Spalte C geschrieben haben, schreiben Sie nun einen oder zwei Sätze, in denen Sie darlegen, was Sie tun können, um die Beziehung zu den betreffenden Menschen zu verbessern.

Ich werde versuchen, Anne nicht mehr zu unterbrechen, wenn sie gerade mitten in der Arbeit ist, und stattdessen feste Zeiten für unsere Gespräche vorschlagen, die sie im Voraus einplanen kann.

ly
TEIL 4

Gespräche kalibrieren

Kalibrieren für besseren Kontakt

Nachdem Sie sich nun bereits selbst eingeschätzt und einiges über die vier Kommunikationsstile erfahren haben, sollten Sie sich Ihrer eigenen Lieblingsmethode zum Empfangen und Verarbeiten von Informationen eigentlich bewusst sein. Auch haben Sie vermutlich herausgefunden, welcher Stil Ihnen am wenigsten bekannt oder vertraut ist.

Vielleicht haben Sie gedacht:

- »Das bin genau ich! Das sage ich auch immer.«
- »Das kommt mir bekannt vor.«
- »Das sind genau meine Verhaltensweisen.«

Und über den Ihnen am wenigsten vertrauten Stil haben Sie vielleicht gedacht:

- »Solche Worte gebrauche ich nie.«
- »Diese Ausdrücke klingen für mich total fremd.«
- »Solche Leute machen mich wahnsinnig.«

Darf ich vorstellen: Eduard, der Experte

Eduard kennt die vier Kommunikationsstile sehr gut und ist stets bereit, seinen Freunden zu helfen, wenn sie Kommunikationsprobleme haben.

In den folgenden Dialogen werden Sie sehen, wie und warum es für Menschen mit unterschiedlichen Kommunikationsstilen schwer sein kann, in Resonanz zu kommen. Diese Dialoge zeigen aber auch, dass das Kalibrieren beziehungsweise Anpassen des eigenen Stils an den der Person, mit der man in Kontakt zu kommen versucht, eine negative Dynamik in eine positive verwandeln kann.

Wenn Sie sich erst einmal in diese realen Gespräche »eingehört« haben, wird es Ihnen viel leichter fallen, das, was Sie über die vier Kommunikationsstile gelernt haben, in allen Bereichen Ihres Lebens zum Einsatz zu bringen.

Wir alle müssen und/oder wollen jeden Tag mit anderen in Beziehung treten – sowohl im beruflichen als auch im privaten Bereich. Ob Sie ein Manager sind, der versucht, einen Kollegen für die Mitarbeit an einem Projekt zu gewinnen; ein Elternteil, der seinem Kind etwas erklären möchte; ein Lehrer, der mit einem Schüler spricht, oder jemand, der eine tiefere, bedeutungsvollere persönliche Beziehung haben möchte – Sie werden merken, dass Ihre Fähigkeit zu kalibrieren Ihre Art zu kommunizieren verbessert, dass es Sie effektiver und positiver macht.

Und vergessen Sie nicht: Ihr Kommunikationsstil – visuell, auditiv, kinästhetisch oder digital – hindert Sie nicht daran, Rapport herzustellen und wichtige Beziehungen zu Menschen aufzubauen, die einen anderen Kommunikationsstil haben als Sie. Dazu sind

Sie absolut in der Lage. Und wenn Sie sich darüber im Klaren sind, wie Sie Ihren eigenen Stil an den Stil dieser Menschen anpassen (kalibrieren) können, sind Sie schon einen erheblichen Schritt weitergekommen.

Hier sind vier Fallbeispiele, die Ihnen zeigen, warum die Kommunikation zusammengebrochen ist und wie dies auf ganz einfache Weise korrigiert werden konnte, nachdem der eine den Kommunikationsstil des anderen verstanden hatte.

Die visuelle Vicky
möchte etwas verkaufen

Die visuelle Vicky arbeitet als Verkäuferin in der TV-Abteilung eines Warenhauses. Sie bemerkt einen Kunden, der das Handbuch eines der ausgestellten Fernseher studiert und sich Notizen macht. Als visueller Mensch geht Vicky davon aus, dass der Kunde vor allem das äußere Erscheinungsbild des Fernsehers schätzt. Also kommt sie näher und sagt:

»Guten Tag, soll ich Ihnen dieses Gerät zeigen? Das Bild, das Sie auf diesem riesigen Bildschirm empfangen, ist wirklich großartig.«

KUNDE: (*hält einen Moment inne*) »Hmmm, nein danke. Im Moment sammle ich erst mal Informationen.«
VICKY: »Darf ich Ihnen zeigen, wie es aussieht?«
KUNDE: »Wie lange geben Sie Garantie? Damit möchte ich anfangen.«
VICKY: »Klar. Ich mache das Gerät aber erst mal an, sodass Sie die Bildqualität sehen können.«
KUNDE: »Ich hätte vorher gern ein paar Antworten auf meine Fragen zur Garantie. (*Spricht in ziemlich genervtem Ton weiter*) Ich möchte mich jetzt in Ruhe allein umschauen. Wenn ich Fragen habe, komme ich auf Sie zu.«

Natürlich kam dieser Kunde nie auf Vicky zu. Er machte sich noch ein paar Notizen und verließ dann den Laden.

Vicky weiß, dass es ihr nicht gelungen ist, Rapport mit dem Kunden herzustellen, und hat das Gefühl, auf Ablehnung gestoßen zu sein.

Nach Feierabend ruft sie ihren Freund Eduard (den Experten) an, erzählt ihm, was passiert ist, und bittet um seinen Rat.

Das Erste, was Eduard zu Vicky sagt, ist, dass der Kunde vermutlich ein digitaler Kommunikationstyp war, weil er sich so auf die Details konzentrierte und sich so akribisch Notizen machte.

Eduard verweist auf die charakteristischen Verhaltensweisen des Kunden und auf die Worte, die er benutzt hat:

- Das Handbuch studieren
- Informationen sammeln und sich Notizen machen
- Die Frage: »Wie lange geben Sie Garantie?«
- Der Zusatz: »Damit möchte ich anfangen.«
- Die Bemerkung, er käme auf sie zu, wenn er »Fragen habe«

Dann erklärt Eduard der visuellen Vicky, dass sie visuelle Worte und Ausdrücke benutzt hat, was dazu führte, dass keine Resonanz zwischen ihr und ihrem digitalen Kunden zustande kam. Jetzt versteht Vicky die wirklichen Gründe für ihre Unfähigkeit, Rapport mit diesem Kunden herzustellen.

Eduard erklärt ihr auch, was sie das nächste Mal, wenn sie es wieder mit einem digitalen Kunden zu tun hat, anders machen könnte:

- Gib ihm Zeit, mehr Informationen zu sammeln, bevor du ihn ansprichst.
- Frage ihn, was er von einem speziellen Modell hält.

- Frage ihn: »Kann ich Ihnen mehr über die Garantie sagen?«
- Gib ihm Zeit, die Informationen, die er zusammengetragen hat, zu verarbeiten und seine Entscheidung zu treffen.
- Bitte ihn, auf dich zuzukommen, wenn er noch Fragen hat.

Wäre Vickys Kunde ein auditiver Kommunikationstyp gewesen, hätte er ...

... sie vielleicht nach dem Klang des Fernsehgeräts gefragt.
... sie vielleicht gebeten, ihm mehr über die verschiedenen Geräte zu erzählen.
... ihr vielleicht ausführlich von den Problemen erzählt, die er mit seinem alten Fernseher hatte.

Und sie hätte ...

... sich erkundigen können, welches von diesen Geräten ihn am meisten »anspreche«.
... ihn fragen können: »Wie finden Sie den Klang dieses Geräts?«
... ihn immer wieder zum Thema Fernsehgerät zurückführen können, wenn er abschweife.

Wäre Vickys Kunde ein kinästhetischer Kommunikationstyp gewesen, hätte er ...

... ihr persönliche Fragen gestellt und versucht, näher in Kontakt mit ihr zu kommen.
... mehr Zeit haben wollen, um ein »Gefühl« für die unterschiedlichen Geräte zu bekommen.
... Vicky gesagt, er werde wieder mit ihr »in Kontakt« treten, sobald er sich mit seiner Wahl »wohlfühle«.

Und sie hätte ...

... fragen können, was ihm sein neues Fernsehgerät bieten müsse, damit er ein »gutes Gefühl« habe.
... ihm vorschlagen können, sich näher mit diesem oder einem bestimmten anderen Gerät zu beschäftigen. (Damit hätte sie seine Wahlmöglichkeiten eingeschränkt.)
... sagen können, sie werde ihn jetzt eine Weile allein lassen, damit er ein besseres »Gefühl« für die einzelnen Geräte bekomme. Und nach etwa zehn Minuten hätte sie wieder nach ihm schauen können.

TIPP VOM EXPERTEN

Eduard gibt der visuellen Vicky eine Aufgabe. Er schlägt ihr vor, im Aufenthaltsraum oder neben der Kasse ein kleines Buch mit den Charakteristika und typischen Verhaltensweisen der vier Kommunikationstypen zum Nachschlagen aufzubewahren. In kurzer Zeit, so Eduard, werde sie in der Lage sein, den Kommunikationsstil eines Kunden zu erkennen (bald schon ohne im Büchlein nachzuschlagen) und ihre Antwort darauf abzustimmen. Dann werde sie die Informationen verinnerlicht haben. Sie werden ihr zur zweiten Natur geworden sein. Eduard schlägt weiterhin vor, dass Vicky ihr »Nachschlagewerk« auch den Kollegen zur Verfügung stellt.

Der auditive Andreas unterbricht den Rapport mit seiner Freundin

Der auditive Andreas stellt fest, dass er seiner Freundin bestimmte Dinge immer wieder sagen muss, und versteht nicht, wieso sie ihm immer vorwirft, das Thema zu wechseln. Außerdem kommt es ihm so vor, als verletze er mit manchem, was er sagt, ihre Gefühle, er weiß aber nicht warum.

Kürzlich hatten Andreas und seine Freundin einen Streit, weil sie behauptete, er habe einer bestimmten Sache zugestimmt. Er hatte nämlich gesagt: »Das klingt nach einer guten Idee.« Doch als es dann so weit war, bestritt er, jemals seine Zustimmung erteilt zu haben. Seine Version war, er habe lediglich einen Kommentar zu der Idee abgegeben, ihr aber nicht zugestimmt.

Und schließlich: Andreas sagt seiner Freundin zwar immer, was er an ihr mag, sie aber möchte berührt und in den Arm genommen werden. Sie sagt, er gebe ihr nicht das Gefühl, etwas Besonderes zu sein.

ANDREAS: »Ich erzähle dir jetzt mal was von einer ganz tollen Idee, die ich für ein neues Projekt habe.«
FREUNDIN: »Schon wieder eine Idee? Was ist denn aus der Letzten geworden? Die ist doch auch schon im Sande verlaufen.«
ANDREAS: »Du hörst mir ja gar nicht zu. Ich bin doch gerade dabei, dir alles zu erzählen.«

FREUNDIN: »Schieß los. Aber ich habe das Gefühl, dass du nie bei einer Sache bleibst. Du verzettelst dich immer.«
ANDREAS: »Das hört sich an, als wäre es dir völlig egal, was mir wichtig ist.«
FREUNDIN: »Das habe ich nicht gesagt.«

Andreas weiß genau, wen er jetzt anrufen muss: seinen Freund, den Experten Eduard. Eduard wird ihm sagen, was in seiner Beziehung falschläuft.

Als Andreas die Probleme schildert, die er mit seiner Freundin hat, erklärt ihm Eduard, dass hier einige klassische Züge des auditiven Kommunikationsstils den Aufbau des Rapports behindern – vor allem, da Andreas' Freundin offenbar ein kinästhetischer Kommunikationstyp ist:

- Du hast viele Ideen und möchtest sie ihr mitteilen, aber du wechselst dauernd das Thema und setzt ständig neue Schwerpunkte.
- Wenn du sagst, dass sich eine Idee gut anhört, denkt deine Freundin, du bist damit einverstanden, diese Idee auch umzusetzen. Und wenn du es dann nicht tust, ist sie enttäuscht und ihre Gefühle sind verletzt.
- Deine kinästhetische Freundin möchte, dass du deine Gefühle auch wirklich zeigst. Das wäre ihr lieber, als immer nur zu *hören*, was du fühlst.
- Du bist manchmal sehr direkt und deine Stimme kann ziemlich schroff klingen. Sie aber nimmt eher gefühlsmäßig den Klang deiner Worte wahr, als dass sie auf den genauen Inhalt hört.

Dann gibt Eduard Andreas ein paar Tipps, wie er in Zukunft besser in Rapport mit seiner Freundin gehen könnte:

- Wenn sie einen Vorschlag macht, dann antworte mit: »Ja, das will ich auch« oder mit: »Nein, das will ich nicht«, um Missverständnisse auszuschließen.
- Statt ihr zu *sagen*, was du fühlst, versuche das nächste Mal, es ihr zu *zeigen*, indem du sie berührst oder in den Arm nimmst.
- Frage sie, was du tun kannst, damit sie sich wohler fühlt.

Wäre Andreas' Freundin ein visueller Kommunikationstyp, hätte sie ...

... ihn gebeten, ihr nur ein »grobes Bild« zu beschreiben, statt sie mit den ganzen Einzelheiten seiner Idee zu langweilen.

... ihm gesagt: »Mir ist nicht klar, warum du gesagt hast, es sei eine gute Idee, wenn du es gar nicht so gemeint hast. Damit hast du nur unnötig meine Zeit verschwendet.«

Und Andreas hätte ...

... ihr sagen können, wie hübsch sie heute aussieht, und hätte damit Rapport aufgebaut.

... seine Erklärungen kurz und bündig halten können, statt auf jedem kleinen Gedanken herumzureiten, der ihm dazu in den Kopf kam.

... sicherstellen können, dass er, wenn er einen Plan macht, sich auch daran hält und rechtzeitig auftaucht.

Wäre Andreas' Freundin ein digitaler Kommunikationstyp, hätte sie ...

... ihn vielleicht gefragt, welche Schritte er zur Umsetzung seines Plans unternehmen wolle.

... ihn gebeten, ihr etwas Zeit zu geben, um über das nachzudenken, was er vorgeschlagen hatte.

… sich Gedanken darüber gemacht, was passieren könnte, wenn dieser oder jener Punkt des Plans sich vielleicht nicht verwirklichen ließe.

Und Andreas hätte …

… seine Ideen in logischer Reihenfolge präsentieren und sie fragen können, ob sie für sie einen Sinn ergeben.
… Rapport aufbauen können, wenn er sie beim Sprechen nicht unterbrochen hätte.
… Und wenn sie plötzlich ganz still geworden wäre, hätte er sie fragen können, was sie noch brauche, um zu entscheiden, ob sie diese Idee für praktikabel hielt.

TIPP VOM EXPERTEN

Eduard schlägt Andreas vor, eine Liste anzufertigen. Darin soll er Möglichkeiten nennen, Rapport mit seiner kinästhetischen Freundin aufzubauen beziehungsweise diesen Rapport zu unterbrechen. Diese Liste soll er so lange mit sich führen, bis ihm ihr Inhalt in Fleisch und Blut übergegangen ist. Eduard versichert Andreas auch, dass er seinen »Spickzettel« immer seltener brauchen wird, je öfter er die Worte und Verhaltensweisen, die ihn in Kontakt mit kinästhetischen Kommunikationstypen bringen, in der Praxis einsetzt.

Die kinästhetische Karin kommt mit einem Kollegen in Kontakt

Die kinästhetische Karin fühlt sich isoliert, denn ihr Kollege will nie mit ihr zum Mittagessen gehen, ja noch nicht einmal einen Kaffee mit ihr trinken. Sie fürchtet, der Kollege könne sie vielleicht nicht leiden. Gleichzeitig ist der Kollege frustriert, weil die Projekte, an denen sie gemeinsam arbeiten, bis zu ihrer Vollendung immer viel mehr Zeit in Anspruch nehmen, als sie sollten.

KARIN: »Ich würde gern mit Ihnen Mittagessen gehen. Beim Essen können wir besprechen, wie unser Projekt vorangeht.«

KOLLEGE: »Ich hatte eigentlich vor, in meiner Mittagspause einige Besorgungen zu machen. Was genau möchten Sie denn mit mir besprechen?«

KARIN: »Oh, ich möchte einfach den Kontakt mit Ihnen halten und in Verbindung bleiben.«

KOLLEGE: »Also, ganz ehrlich, ich hätte gern eine Tagesordnung, damit wir wissen, worüber wir überhaupt reden wollen und wie lange es dauern wird. Können wir uns auf ein halbstündiges Meeting um 14.00 Uhr einigen, wenn wir beide vom Mittagessen kommen?«

KARIN: »Ja, können wir. Vielleicht erfahre ich dann ja auch, wie es bei Ihnen so läuft.«

 Später am Abend ruft Karin unseren Experten Eduard an, gibt die Unterhaltung wieder und vertraut ihm auch die Gefühle an, die sie dabei hatte. Eduard sagt: »Es wundert mich nicht zu hören, dass du gewisse Schwierigkeiten hattest. Ich weiß, dass du Informationen auf kinästhetische Weise verarbeitest und dass dein Kommunikationsstil für Menschen, die anders kommunizieren, eine Herausforderung darstellen kann.« Eduard erinnert Karin an einige Charakteristika ihres Kommunikationstyps:

- Beziehungen sind dir wichtig.
- Du bist gern unter Menschen.
- Du hältst gern mal ein Schwätzchen über persönliche Dinge, während deine Arbeit liegen bleibt.
- Du hast gern einen guten Draht zu Menschen.
- Du bist daran interessiert, deine Kollegen kennenzulernen.
- Du beschreibst Dinge und Situationen gern in allen Einzelheiten.
- Du möchtest mit den Kollegen immer gern auch etwas außerhalb der Arbeitszeit unternehmen.
- Du bevorzugst Meetings, in denen man von Angesicht zu Angesicht miteinander spricht.

»Es ist nicht so, dass dein Kollege dich nicht mag«, sagt Eduard, »aber ich vermute, er ist ein visueller Kommunikationstyp.« Eduard weiß das, weil …

… der Kollege wissen wollte, was auf Karins Tagesordnung steht, was genau sie also besprechen wollte.
… er ihr Meeting kurz und zielorientiert halten wollte.
… weil er ein bestimmtes Zeitfenster für das Meeting haben wollte.

… weil er Geschäftliches nicht mit Privatem vermischen wollte.

Dann schlägt Eduard Karin ein paar Ausdrücke vor, die sie in Zukunft benutzen kann, um besser in Rapport mit einem visuell orientierten Kollegen zu gehen:

- Ich will mir nur ein besseres Bild davon machen können, wie die Dinge bisher gelaufen sind.
- Ich sehe einem Treffen mit Ihnen gern entgegen.
- Ich weiß, dass Sie sehr beschäftigt sind. Also werden wir es kurz machen.
- Ich brauche nicht alle Details, geben Sie mir nur einen groben Überblick.

Wäre Karins Kollege ein auditiver Kommunikationstyp, hätte er …

… ihr vielleicht lang und ausführlich erklärt, warum er nicht mit ihr zum Mittagessen gehen konnte.
… ihre Erklärung, warum sie das gemeinsame Mittagessen wollte, vielleicht unterbrochen.
… seine Ablehnung vielleicht mit zu harschen Worten zum Ausdruck gebracht.

Und Karin hätte …

… ihn bitten können, ihr mehr über die Projekte zu erzählen, an denen er gerade arbeitete (womit auch sie sich wohlgefühlt hätte, weil sie persönliche Kontakte so gern hat).
… sicherstellen können, dass sie ihm, während er sprach, ihre ganze Aufmerksamkeit schenkte.

… freundlich dafür sorgen können, dass er beim Thema bleibt, wenn er abzuschweifen drohte.

Wäre Karins Kollege ein digitaler Kommunikationstyp, hätte er …

… vielleicht in allen Einzelheiten wissen wollen, warum sie mit ihm zum Mittagessen gehen möchte.
… ihr vielleicht gesagt, er müsse erst herausfinden, ob dieser Termin in seinen Zeitplan passt.
… sie vielleicht gebeten, einen Plan für den Verlauf ihres Gesprächs zu machen.

Und Karin hätte …

… ihm sagen können, es gebe da ein Projekt, von dem sie glaube, nur er könne es bewältigen, und hätte so Rapport mit ihm hergestellt.
… ihm versichert, dass sie seinem Urteil vertraue und dass alles, was er entscheide, in Ordnung sei.
… ihm Zeit geben können, über seine Antwort auf ihren Vorschlag nachzudenken.

TIPP VOM EXPERTEN

Um die Kommunikationsstile ihrer Kollegen zu identifizieren, schlägt Eduard Karin vor, eine Tabelle zu erstellen, in der die Namen der Kollegen den von ihnen am häufigsten verwendeten Worten und Ausdrücken sowie ihren typischen Verhaltensweisen zugeordnet werden. Diese Tabelle soll sie in einer Schublade ihres Schreibtischs aufbewahren, sodass sie immer darauf zurückgreifen kann, bis sie in der Lage ist, mit dem Kommunikationsstil jedes einzelnen Kollegen besser umzugehen, was am Ende zu einer besseren Beziehung mit ihnen allen führen wird.

Der digitale Dirk hilft seiner kleinen Tochter bei den Hausaufgaben

Der digitale Dirk versucht seiner Tochter bei den Hausaufgaben zu helfen, ist aber schon völlig frustriert, weil sie sich weigert, sich an den präzisen Plan zu halten, den er für sie ausgearbeitet hat.

DIRK: (*schaltet das Radio aus, das im Hintergrund spielt*) »Du solltest dich an diesen Hausaufgabenplan halten.«

TOCHTER: »Diese Methode gefällt mir aber nicht. Ich möchte lieber ein bisschen von dem und dann ein bisschen von dem machen. Wir müssen das nicht in einer bestimmten Reihenfolge machen.« (*schaltet das Radio wieder an*)

DIRK: »Mit all dieser Musik kannst du dich doch überhaupt nicht konzentrieren.«

TOCHTER: »Ich finde, die klingt gut. Außerdem höre ich sie kaum. Sie lenkt mich überhaupt nicht ab.«

DIRK: (*brummig*) »Das macht keinen Sinn für mich. Wie kannst du bei diesem Krach überhaupt denken?«

TOCHTER: »Du hörst mir einfach nicht zu. Ich habe doch eben schon gesagt, dass es mich nicht stört.«

Die Tatsache, dass seine Tochter so »durcheinander« ist und offenbar nie etwas zu Ende bringt, macht Dirk wahnsinnig. Völlig frustriert verlässt er ihr Zimmer.

Wieder einmal haben Dirk und seine Tochter eine Menge Negativität erzeugt, und die Tochter hat das Gefühl, auf taube Ohren gestoßen zu sein.

An diesem Abend ruft Dirk unseren Experten Eduard zur Hilfe. Er fragt ihn, was er tun kann, um seine Tochter dazu zu bringen, mehr so zu sein wie er selbst. Er möchte, dass sie ihre Hausaufgaben ordentlich macht. Nachdem Dirk die Unterhaltung mit seiner Tochter Wort für Wort wiederholt hat, klärt Experte Eduard ihn darüber auf, dass seine Tochter ein auditiver Kommunikationstyp ist, und erläutert auch, wieso:

- Sie hatte das Radio im Hintergrund laufen.
- Sie hat sich darüber beschwert, dass er ihr nicht zuhört.
- Es fällt ihr schwer, sich auf eine Sache zu konzentrieren. Sie springt lieber von einem Thema zum anderen.

Ferner erklärt Eduard Dirk, dass er als digitaler Kommunikationstyp von seiner Tochter möchte, dass sie alles der Reihe nach macht, weil ihm das logisch erscheint. Für sie aber funktioniert das nicht, weil sie einen ganz anderen Stil hat.

Eduard gibt Dirk eine Liste mit Fragen, die er seiner Tochter stellen kann, um die Kommunikation zu erleichtern und besser mit ihr in Rapport zu gehen, wenn er ihr das nächste Mal bei den Hausaufgaben hilft:

- Klingt das gut?
- Wie hört sich das für dich an?
- Klingelt da was?
- Hat es klick gemacht?
- Welche Ideen hast du?

> **TIPP VOM EXPERTEN**
>
> *Eduard schlägt vor, dass Dirk die Liste mit den Fragen in seiner Brieftasche aufbewahrt, bis er den Kommunikationsstil seiner Tochter beherrscht, was wahrscheinlich nicht allzu lange dauern wird.*

Wäre Dirks Tochter ein visueller Kommunikationstyp, hätte sie ...

- … ihm vielleicht gesagt, dass er mit all dem Gerede nur ihre Zeit verschwende.
- … vielleicht gesagt: »Mir ist nicht klar, warum du mir das jetzt alles sagen musst.«
- … vielleicht gesagt: »Gib mir einfach einen groben Überblick und lass mich dann in Ruhe, damit ich heute noch fertig werde.«
- … vielleicht gesagt, sie werde ihm »zeigen«, was sie gemacht habe, wenn sie damit fertig sei.

Und er hätte ...

- … in Rapport gehen können, etwa mit der Frage, ob er mal »sehen« könne, was sie bisher gemacht habe.
- … sagen können: »Ich finde, das ›sieht‹ schon ganz gut aus.«
- … sagen können, er sei in einer Stunde wieder zurück, um zu »schauen«, wie es so klappt. Dann hätte er aber auch pünktlich sein müssen.

Wäre Dirks Tochter ein kinästhetischer Kommunikationstyp, hätte sie ...

- ... vielleicht gesagt: »Bei dem, was ich für Englisch gemacht habe, habe ich ein ›gutes Gefühl‹, aber mit Mathe ›geht‹ es mir weniger ›gut‹.«
- ... ihn möglicherweise gefragt, ob sie die Hausaufgaben vielleicht zusammen machen könnten – im Team.
- ... ihn vielleicht gefragt, wie er sich mit seinen Hausaufgaben so »gefühlt« hatte, als er noch in der Schule war.

Und er hätte ...

- ... fragen können, wie er sie am besten bei den Hausaufgaben »unterstützen« könne.
- ... ihr vorschlagen können, als Team »gemeinsame« Anstrengungen zu unternehmen.
- ... ihr helfen können, die Matheaufgaben in kleine Schritte aufzuteilen, damit sie nicht so überwältigend wirken.

TEIL 5

Vier einfache Methoden, bessere Kontakte zu knüpfen

Reframing, Zukunfts-Pacing, Installieren und positive Annahmen

Reframing, Zukunfts-Pacing, Installieren und positive Annahmen: Das sind vier einfache Methoden, die jeder anwenden kann, um effektiver zu kommunizieren und in allen möglichen Alltagssituationen bessere Kontakte zu knüpfen.

Die Art und Weise, wie wir unsere Vergangenheit, unsere Gegenwart und unsere Zukunft sehen – und die Art und Weise, wie wir andere dazu bringen können, ihre Vergangenheit, Gegenwart und Zukunft zu sehen – kann unsere – und deren – Fähigkeit, Rapport herzustellen oder auch zu unterbrechen, entscheidend verändern. Je positiver wir Dinge sehen und über sie sprechen, desto positiver wird unsere Kommunikation sein. Und je positiver wir kommunizieren, desto besser kommen wir in Kontakt und desto wahrscheinlicher ist es, dass wir positive Reaktionen bekommen.

Dadurch dass Sie diese Methoden zu einem festen Bestandteil Ihrer täglichen Kommunikation machen, sorgen Sie dafür, dass Sie in allen Bereichen Ihres Lebens besser mit anderen in Kontakt kommen.

Reframing – Umdeutung

Was das ist

Reframing ist das englische Wort für »Neurahmung« beziehungsweise »Umdeutung«. Wenn Sie etwas in einen neuen Rahmen setzen oder umdeuten, sehen Sie es mit anderen Augen. Mithilfe des Reframing kann man etwas, das negativ wirkt, in etwas Positives verwandeln.

Was es bewirkt

Indem Sie einem Ereignis eine andere Bedeutung geben, können Sie eine potenziell negative Kommunikation in eine positive verwandeln. Das bedeutet, dass Sie eine bessere Verbindung mit der anderen Person aufbauen.

Wie es funktioniert

Niemand möchte gern Zeit mit einer negativen Person verbringen – mit jemandem, der das ganze Leben aus einer Perspektive betrachtet, aus der heraus das Glas grundsätzlich halb leer ist. Wenn Sie in der Lage sind, Dinge und Ereignisse umzudeuten, kommunizieren Sie mit einer positiveren Einstellung. Das führt dazu, dass andere gern mit Ihnen zusammen sind. Indem Sie anderen helfen, etwas umzudeuten, tragen Sie dazu bei, dass diese

Menschen sich mit sich selbst besser fühlen, was wiederum bedeutet, dass sie Zeit mit Ihnen verbringen wollen, weil Sie dieses gute Gefühl in ihnen wecken. Wie auch immer: Sie bauen Rapport mit einer anderen Person auf.

Eine kleine Geschichte über Reframing

Zwei alte Freunde, die einander lange nicht gesehen haben, essen zusammen zu Mittag und haben sich eine Menge zu erzählen. Einer hat eine feste Stelle im mittleren Management, der andere ist selbstständiger Marketingberater und rechnet jedes Projekt einzeln ab.

Der Selbstständige lamentiert, er habe zwar »ein sehr gutes Jahr« gehabt, wickle aber gerade die letzten paar Projekte ab, die er unter Vertrag habe – und nun mache er sich Gedanken darüber, wie viel Arbeit er im nächsten Jahr wohl haben werde.

Sein Freund hört aufmerksam zu und sagt dann: »Mensch, hast du ein Glück! Das ist ja beneidenswert!«

»Glück? Habe ich nicht gerade erzählt, dass ich nicht weiß, was passiert, wenn ich die letzten Projekte abgewickelt habe?«

»Ja, natürlich, das habe ich gehört«, sagt der Freund. »Aber denk doch mal nach. Du hast so viel verdient, dass du dir in den nächsten Monaten keine Sorgen ums Geld machen musst. Und von den Projekten, die bis jetzt noch nicht abgeschlossen sind, kommt auch noch was rein. Es scheint, als hättest du im Moment die Chance, dir eine kleine Auszeit zu gönnen – Zeit, in der du dich um dich selbst kümmern, dich besinnen und neue Energie tanken kannst, damit du wieder so richtig loslegen kannst, wenn das nächste Projekt kommt.«

Jetzt lächelt der Selbstständige. »Weißt du«, sagt er, »so habe ich es noch nie gesehen. Ich habe wirklich sehr hart gearbeitet. Es wäre schön, sich eine kleine Auszeit zu gönnen. Und jedes Mal, wenn ich in der Vergangenheit in einer ähnlichen Situation war, kam wieder was Neues – genau zu dem Zeitpunkt, zu dem ich es gut gebrauchen konnte. Danke, dass du mir geholfen hast, das Gute an der Sache zu sehen. Wir sollten uns öfter treffen. Es geht mir immer gleich viel besser, wenn ich mit dir zusammen bin.«

Beispiele für Reframing

Problem	Umgedeutet
Es hat die ganze Woche nur geregnet. Es war furchtbar.	Dieser Regen war sehr gut für die Gärten, und die Straßen waren alle plötzlich so sauber.
Sie macht mich wahnsinnig mit ihrer Detailversessenheit.	Ist es nicht schön, dass wir jemanden haben, der sich um die ganzen Details kümmert? Mein Ding ist das definitiv nicht.
Das Telefon im Büro hat heute keine Minute stillgestanden.	Es ist schön zu wissen, dass die Geschäfte gut laufen. Das merkt man schon an diesen ganzen Anrufen.
Seit ich heute von der Arbeit nach Hause gekommen bin, hat mein Telefon pausenlos geklingelt.	Ich finde es toll, dass ich so einen riesigen Freundeskreis habe.

Zukunfts-Pacing – die Begleitung in eine andere Zukunft

Was das ist

Pacing ist das englische Wort für »durchschreiten« und bedeutet in unserem Zusammenhang »nebeneinander hergehen« beziehungsweise »begleiten«. Zukunfts-Pacing ist eine Möglichkeit, einem anderen Menschen mitzuteilen, dass etwas, wovon sie oder er befürchtet, es könne negativ enden, genauso gut auch positiv ausgehen kann.

Was es bewirkt

Indem Sie jemand anderem die Chance geben, die Zukunft in einem positiveren Licht zu sehen, sind Sie sozusagen der Überbringer einer freudigen Nachricht. Das erlaubt der Person, mit der Sie kommunizieren, nicht nur sich selbst, sondern auch Sie positiver wahrzunehmen, weil er oder sie dann einfach optimistischer ist.

Wie es funktioniert

Zukunfts-Pacing »führt« die Person, mit der Sie kommunizieren, mit positiven Erwartungen in die Zukunft. Diese Methode ist besonders effektiv, wenn Sie Vorschläge machen oder Anweisungen geben, von denen Sie glauben, Sie könnten damit auf Widerstand stoßen. Wenn Sie ihn oder sie dazu bringen, ein positives Ergebnis zu erwarten, wird der Widerstand zerstreut und das, was Sie kommunizieren wollen, wird viel bereitwilliger akzeptiert werden.

Eine kleine Geschichte über Zukunfts-Pacing

Ein kleiner Junge kommt von der Schule nach Hause und hat offenbar Angst, seine Hausaufgaben zu machen. Er sagt immer wieder: »Meine Hausaufgaben sind so schwer. Die krieg ich nicht hin.« Seine Mutter fragt: »Woher willst du das denn wissen? Du hast ja noch nicht einmal damit angefangen.« Das Kind erzählt, dass die Lehrerin, als sie die Hausaufgaben aufgab, der Klasse eingeschärft hat: »Macht diese Aufgaben bitte nicht erst am Sonntag. Macht sie schon am Samstag. Es sind schwere Aufgaben, und die letzte Klasse, der ich sie gegeben habe, hat sie nicht besonders gut hinbekommen. Also stellt euch auf ein bisschen mehr Arbeit ein und nehmt euch genug Zeit dafür. Ihr werdet sie brauchen.«

Die Mutter des Jungen verstand sofort, dass seine Lehrerin ihn negativ beeinflusst hatte, indem sie die Erwartung in ihm weckte, es würde schwer werden, diese Hausaufgaben zu machen.

Sie verstand auch, dass es vermutlich nicht so schwer werden würde, wie er befürchtete, und dass sie ihn leicht dazu bringen konnte, seine düsteren Erwartungen positiv zu verändern. Also sagte sie: »Ich habe gesehen, dass du dir das sehr schnell angeeignet hast. Du bist gut, wenn es darum geht, neue Informationen zu begreifen und dir die Dinge zu merken, die dir in der Schule beigebracht werden. Ich gehe mal davon aus, dass du diese Hausaufgaben ganz leicht und schnell erledigst und dann zu mir kommst und damit angibst, wie einfach das für dich war.«

Und wirklich trat ein Lächeln auf die Lippen des Jungen, und er machte sich an seine Hausaufgaben. Nicht lange danach kam er strahlend zurück. »Mensch Mama«, sagte er, »du hast wirklich Recht gehabt. Das nächste Mal, wenn mir jemand einzureden versucht, dass ich etwas nicht kann, werde ich daran denken, dass du mir gesagt hast, wie schnell ich im Begreifen von neuen Informationen bin. Und dann erinnere ich mich bestimmt auch, wie recht du gehabt hast.«

Beispiele für Zukunfts-Pacing aus der Werbung

- Besuchen Sie die freundlichste Stadt des Münsterlands.
- Hier gibt es die beste und knusprigste Pizza der Welt.
- Wir sind berühmt für unseren Service.
- Solange wir diesen Bahnhof für Sie verschönern, kann es zu Verzögerungen im Betriebsablauf kommen.

Installieren

Was das ist

Sie machen eine gezielte Andeutung (Suggestion), mit der Sie eine andere Person von etwas überzeugen, ohne dass diese bewusst wahrnimmt, was Sie da tun.

Was es bewirkt

Das Installieren einer Andeutung im Kopf eines anderen ist eine Möglichkeit, eine unbewusste Resonanz mit dieser Person herzustellen und die eigenen Chancen auf eine erwünschte Reaktion zu erhöhen.

Wie es funktioniert

Installieren funktioniert auf der Ebene der subliminalen Kommunikation. Sagen wir zum Beispiel, ich bin Gast in einer Radiosendung und der Moderator stellt mir eine Frage. Dann könnte ich antworten: »Wissen Sie, das ist eine der Fragen, die mir die Teilnehmer meiner Seminare auch sehr häufig stellen.« Indem ich das sage, installiere ich in den Köpfen der Zuhörer die Idee, sie könnten vielleicht auch eines meiner Seminare besuchen wollen, woran sie bislang wahrscheinlich überhaupt noch nicht gedacht haben. Vielleicht wussten sie noch nicht einmal, dass ich überhaupt Seminare gebe.

Eine kleine Geschichte über das Installieren

Beim Treffen eines Netzwerks von Geschäftsleuten und Freiberuflern unterhält sich eine Lebensberaterin mit ihren Tischnachbarinnen, wobei sie sehr darauf achtet, dass sie nicht den Eindruck erweckt, als sei sie nur darauf aus, neue Kunden zu gewinnen.

Drei der vier Frauen an ihrem Tisch sind Kleinunternehmerinnen, die unter einem gewissen Stress stehen und sich von dem Versuch, Beruf und Familienleben unter einen Hut zu bringen, manchmal regelrecht überfordert fühlen. Die Lebensberaterin, die wirklich helfen will, fragt, ob sie die Geschichte von einem Klienten mit ähnlichem Problem erzählen solle, dem sie habe helfen können. Sie erklärt, dass sie ihrem Klienten eine Strategie für den Umgang mit seiner Situation geben konnte, die unmittelbar positive Ergebnisse zeitigte. Dann fügt sie noch hinzu, dass sie diesen Klienten nach wie vor jede Woche trifft und er jedes Mal betont, wie sehr ihre Strategie sein Leben verändert hat.

Während die Lebensberaterin ihnen von ihrer Strategie erzählt, hören die drei betroffenen Frauen aufmerksam zu und machen sich Notizen. Es ist klar, dass sie daran interessiert sind, die Strategie, welche die Lebensberaterin ihrem Klienten empfohlen hat, selbst auszuprobieren.

Indem sie ihnen erzählt, wie sie ihrem Klienten geholfen hat, suggeriert die Lebensberaterin diesen Frauen, dass auch sie von ihrer Beratung profitieren könnten. Gegen Ende des Treffens lässt eine der Frauen durchblicken, dass sie daran interessiert ist, mit der Lebensberaterin zu arbeiten, und bittet sie, ihr zu beschreiben, wie eine solche Beratung ablaufen könnte.

Indem sie großzügig mit den Informationen über ihre Strategie umging, hat die Lebensberaterin erfolgreich Klienten angezogen, ohne dass sie sich direkt verkaufen oder jemanden überzeugen musste, sie zu engagieren.

Beispiele für negative und positive Suggestionen

Negative Suggestionen	Positive Suggestionen
Nicht stolpern!	Am liebsten hätten wir natürlich, dass Sie auf unserem Fragebogen »sehr zufrieden« ankreuzen.
Verletzungsgefahr!	
Verbrenn dich nicht!	
Warnung vor dem Hunde!	Manche Leute besuchen meine Website täglich mehrmals.
Nicht von der Brücke springen!	
	Wie Tausend andere werden auch Sie von unseren preisgekrönten Desserts begeistert sein.

Die positive Annahme

Was das ist

Eine positive Annahme über etwas zu haben bedeutet, davon auszugehen, dass es möglich ist oder eintreten wird.

Was es bewirkt

Indem Sie eine positive Annahme in eine Frage oder ein Gespräch einfließen lassen, machen Sie es sehr viel wahrscheinlicher, dass Sie die Antwort bekommen, die Sie haben möchten.

Wie es funktioniert

Um Kontakt mit einer anderen Person aufnehmen zu können, müssen Sie mit ihr in einen Dialog treten. Indem Sie eine positive Annahme in eine Frage oder Suggestion einfließen lassen, machen Sie es sehr viel wahrscheinlicher, dass Ihr Gegenüber in einer Weise reagiert, die das Gespräch für einen weitergehenden Dialog öffnet – und so entsteht eine Verbindung.

Eine kleine Geschichte über das Prinzip der positiven Annahme

Eine neue Gymnasiallehrerin begann das Schuljahr voller Enthusiasmus für ihren Beruf. Sie war fest entschlossen, eine der Lehrerinnen zu sein, die ihre Schüler begeistern und sich dadurch von anderen abheben. Als sie ihre Teenager-Schüler zur Mitarbeit animieren wollte, stellte sie ihnen Fragen wie diese:

- Hat jemand eine Frage?
- Irgendwelche Kommentare?
- Ist das klar?
- Weiß jemand eine Antwort?
- Macht das Sinn?

Auf all ihre wohlgemeinten Fragen bekam sie stets die gleiche Antwort: ausdruckslose Gesichter und Schweigen. Frustriert und enttäuscht sprach sie mit einem sehr beliebten Lehrer, der auf eine hervorragende Erfolgsbilanz verweisen konnte, wenn es darum ging, Schüler zur mündlichen Mitarbeit zu animieren. Nachdem er sich das Problem der neuen Kollegin angehört hatte, fragte der erfahrene Lehrer: »Gehen Sie davon aus, dass es Schüler in Ihrer Klasse gibt, die sich beteiligen möchten und eine Antwort auf die Fragen haben, die Sie stellen?«

»Ja! Ich weiß, dass es Schüler gibt, die sich gern beteiligen würden«, antwortete sie ohne Zögern.

Der erfolgreiche, erfahrene Lehrer bot ihr nun an, ihre Fragen in einer Weise umzuformulieren, dass ihre Annahme, jemand wolle sich beteiligen und/oder habe die Antwort, auch zum Ausdruck kam. Dies sind die Fragen, zu denen er ihr riet:

- Wer will als Erster etwas dazu sagen? (In der Annahme, dass jemand als Erster drankommen will.)

- Ich gehe mal davon aus, dass einige von euch noch Fragen haben. Wer wagt sich vor? (In der Annahme, dass manche noch Fragen haben.)
- Wer möchte etwas dazu sagen? (In der Annahme, dass jemand das möchte.)
- Wer ist der Nächste? (In der Annahme, dass mindestens einer nur darauf wartet, gleich anschließend dranzukommen.)

Sobald die neue Lehrerin ihre Fragen so formulierte, stellte sie fest, dass der Gebrauch positiver Annahmen ihr genau die Ergebnisse bescherte, die sie haben wollte. Ihre Schüler beteiligten sich, und der Dialog in der Klasse kam in Gang.

Beispiele für positive Annahmen

Beispiel	Positive Annahme
Erfahren Sie, wie Sie Ihren Welpen in drei Tagen stubenrein bekommen.	Es ist in drei Tagen möglich.
Erfahren Sie, wie Sie die Anzahl der Zugriffe auf Ihre Website steigern können.	Es ist möglich, mehr Besucher auf auf die Website zu locken.
Wer ist der Nächste?	Man geht davon aus, dass es einen Nächsten gibt.
Wer ist der Erste?	Man geht davon aus, dass jemand unbedingt als Erster drankommen will.
Wer hat noch nichts gesagt und will das jetzt tun?	Man geht davon aus, dass ein bisher Zurückhaltender doch noch etwas sagen will.
Was magst du an diesem Unterricht am liebsten?	Man geht davon aus, dass jemand etwas an dem Unterricht mag.
In Ihrer Begeisterung, das, was Sie in meinem Buch gelesen haben, mit anderen zu teilen …	Man geht davon aus, dass der Leser begeistert ist und das, was diese Begeisterung ausgelöst hat, mit anderen teilen will.

TEIL 6

Beziehungen in allen Lebensbereichen

Positive Beziehungen schaffen

Zu Hause, bei der Arbeit, in der Schule, in unserem gesamten sozialen Umfeld verbringen wir einen Großteil unserer Zeit in Beziehung mit vielen unterschiedlichen Menschen, die viele unterschiedliche Kommunikationsstile haben. Je mehr positive Beziehungen Sie mit all diesen Menschen eingehen, desto glücklicher und erfolgreicher werden Sie sein, und zwar in allen Bereichen Ihres Lebens.

Auf den folgenden Seiten lernen Sie, wie Sie in sieben der gängigsten Beziehungsformen mit jedem der vier Kommunikationstypen in Rapport gehen und bleiben können. Die sieben Beziehungsformen sind:

- Ehegatten und Partner
- Eltern und Kinder
- Berater, Trainer und ihre Klienten
- Lehrer und Schüler
- Vorgesetzte und Mitarbeiter
- Verkäufer und Kunden
- Betreiber von Internetseiten und deren Besucher

Überall haben Sie es mit Menschen zu tun, die unterschiedliche Kommunikationsstile haben. Wenn Sie all diese Stile kennen und wissen, welche Form der Kommunikation ein Mensch bevorzugt, sind Sie besser in der Lage, mit ihm in Kontakt zu kommen und sich wie gewünscht zu verständigen.

Vielleicht erinnern Sie sich, dass ich zu Beginn angekündigt habe, ich würde eine Vielzahl von Techniken verwenden, um alle Kommunikationsstile zu bedienen. Das Gleiche können Sie tun, wenn Sie versuchen, mit einer ganzen Gruppe Rapport aufzubauen. Sie können zum Beispiel fragen: »Sehen Sie, was ich meine? Hört sich das für Sie richtig an? Was für ein Gefühl haben Sie dabei? Ergibt das Sinn für Sie?« Die Gruppe wird nicht merken, was Sie da tun, aber indem Sie die gleiche Frage auf vier verschiedene Weisen stellen, geben Sie allen vier verschiedenen Kommunikationstypen die gleiche Möglichkeit, darauf zu antworten.

Während Sie sich sowohl der Worte und Redewendungen, die die verschiedenen Kommunikationstypen in einer Gruppe benutzen und gern hören, als auch ihrer anderen Vorlieben und Abneigungen immer deutlicher bewusst werden, entsteht automatisch eine Resonanz zwischen Ihnen und der gesamten Gruppe.

Ehegatten und Partner

Die Chancen, dass Sie und Ihr Ehegatte oder Partner unterschiedliche Kommunikationsstile haben, stehen 3 zu 4. Je besser Sie in der Lage sind, den Stil des anderen zu identifizieren und sich daran anzupassen – und umgekehrt –, desto besser wird jeder von Ihnen seine Zuneigung und Wertschätzung für den anderen in einer Weise zum Ausdruck bringen können, die er oder sie am ehesten annehmen und würdigen kann.

Machen Sie den Test zur Selbsteinschätzung Ihres Kommunikationsstils

Nachdem Sie den Test gemacht und Ihren eigenen Kommunikationsstil bestimmt haben, bitten Sie Ihren Ehegatten oder Partner, ihn auch zu machen (oder Sie machen ihn beide gleichzeitig). Erklären Sie, dass das Ziel darin besteht, dass Sie einander besser verstehen lernen und so den bereits existierenden Rapport optimieren.

Tipp: Es kann sehr viel Spaß machen, etwas über die unterschiedlichen Kommunikationstypen herauszufinden und diese Informationen mit anderen zu teilen. Sogar sich gegenseitig mit dem aufzuziehen, was man über den eigenen Kommunikationsstil und den des anderen weiß, ist eine Möglichkeit, das zu würdigen, was man gelernt hat.

Hängen Sie Ihre Testergebnisse irgendwo auf, wo Sie beide sie öfter sehen können. So erinnern Sie sich immer wieder daran, wie der andere am liebsten kommuniziert.

Wie die Kommunikationstypen ihre Zuneigung am liebsten *zum Ausdruck bringen*

Visuell	Mit Geschenken
Auditiv	Indem sie dem anderen sagen, welche Gefühle sie für ihn oder sie hegen
Kinästhetisch	Über Berührung
Digital	Indem sie dem anderen helfen und Dinge für ihn oder sie tun

Wie die Kommunikationstypen Zuneigung am liebsten *empfangen*

Visuell	In Form von Geschenken
Auditiv	Indem sie sich sagen lassen, welche Gefühle der andere für sie hegt
Kinästhetisch	In Form von Berührung
Digital	Indem andere etwas für sie tun (ihnen zum Beispiel eine Nachricht schicken)

Wie man den Kommunikationstypen am besten *Zuneigung* und *Wertschätzung* entgegenbringt

VISUELL	Mit Geld und/oder Geschenken
AUDITIV	Indem man »danke« sagt
KINÄSTHETISCH	Indem man eine Dankeskarte schreibt
DIGITAL	Indem man etwas für sie tut

Wie man den Kommunikationstypen *Ideen* und *Informationen* am besten präsentiert

VISUELL	Fassen Sie sich kurz.
	Geben Sie einen groben Überblick der Idee (wenig Details).
	»Malen« Sie mit Worten ein Bild.
	Kommen Sie möglichst schnell zur Sache.
	Fragen Sie, ob das, was Sie präsentieren, »gut aussieht«.
AUDITIV	Kommen Sie gleich zur Sache (es ist in Ordnung, direkt zu sein).
	Präsentieren Sie es als »Idee«.
	Seien Sie auf eine Diskussion vorbereitet und darauf, dass Sie sich auch die Ideen Ihres Publikums anhören müssen.
	Rechnen Sie damit, dass die Zuhörer Ihre Idee »verbessern« oder ergänzen möchten.
	Fragen Sie, ob es sich nach einer guten Idee »anhört«.
KINÄSTHETISCH	Wählen Sie die richtige Zeit für die Präsentation der Idee.
	Machen Sie die Idee schmackhaft, indem Sie sie mit Spaß und Leichtigkeit präsentieren.
	Fragen Sie Ihr kinästhetisches Publikum, ob es das »Gefühl« habe, dies sei eine gute Idee.

DIGITAL	Präsentieren Sie Ihre Idee als eine Art Abenteuer.
	Präsentieren Sie alle Details und Möglichkeiten.
	Bieten Sie Wahlmöglichkeiten an.
	Geben Sie Ihrem digitalen Publikum Zeit, um die Informationen zu verarbeiten und darüber nachzudenken.
	Fragen Sie, was sie über Ihre Idee »denken«.

Was man von den einzelnen Kommunikationstypen erwarten kann, wenn man sie um eine *Entscheidung* bittet

VISUELL	Trifft Entscheidungen normalerweise schnell, braucht nicht viele Detailinformationen.
AUDITIV	Stellt vielleicht eine Reihe von Fragen, trifft dann aber schnell eine Entscheidung.
KINÄSTHETISCH	Geben Sie ihnen Zeit, ein »Gefühl« für das zur Wahl Stehende zu bekommen. Machen Sie es einfach, indem Sie nicht zu viele Auswahlmöglichkeiten anbieten.
DIGITAL	Geben Sie ihnen Zeit, über die Entscheidung nachzudenken (manchmal bis zum nächsten Morgen). Es kann sein, dass sie nichts sagen, während sie nachdenken.

Eltern und Kinder

Wenn Sie Vater oder Mutter sind, wissen Sie, wie schwierig es sein kann, auch nur mit einem einzigen Kind zu kommunizieren. Dieses Problem verkompliziert sich, wenn Sie es mit zwei oder mehr Kindern zu tun haben, deren Kommunikationsstile sich voneinander und auch von Ihrem unterscheiden. Und wenn Ihr Kommunikationsstil dann auch noch anders ist als der Ihres Ehegatten oder Partners, muss sich wahrscheinlich jeder von Ihnen auf andere Weise anpassen, um in Rapport mit den Kindern zu gehen.

Vielleicht haben Sie festgestellt, dass eines Ihrer Kinder sein Zimmer immer schön aufräumt, wenn es darum gebeten wird, während ein anderes anscheinend nie daran denkt, den Müll beiseitezuräumen, egal wie oft Sie es daran erinnern. Vielleicht erinnern Sie sich auch, dass Sophie erst sechs Jahre alt war, als Sie ihr sagen konnten: »Bitte räum die Puzzleteile auf, wasch dir dann die Hände und komm in die Küche zum Mittagessen.« Und all das hat sie getan, obwohl Sie es ihr nur ein einziges Mal gesagt hatten. Jetzt ist Micky im selben Alter, und Sie geben ihm exakt die gleichen Anweisungen, aber entweder braucht er für ihre Umsetzung so lang, dass Sie sich fragen, was er in dieser ganzen Zeit wohl anstellt. Oder er bittet Sie, ihm zu »helfen« oder es »mit« ihm zu machen. Sophie ist höchstwahrscheinlich ein digitaler Kommunikationstyp, Micky ein kinästhetischer.

Sobald Sie gelernt haben, »ihre Sprache« zu sprechen, wird sich die Kommunikation mit Kindern jedes Typs vereinfachen und Ihre Beziehung zu ihnen wird sich deutlich verbessern.

Machen Sie den Test zur Selbsteinschätzung Ihres Kommunikationsstils

Ihren eigenen Kommunikationsstil zu kennen, wird Ihnen helfen, sich selbst beim Kommunizieren zu beobachten und Ihren Stil besser auf den Ihres Kindes/Ihrer Kinder abzustimmen.

Wenn Ihre Kinder alt genug sind, den Test zu verstehen und selbst zu machen, bitten Sie sie darum. Kinder finden es lustig, ihren eigenen Kommunikationsstil kennenzulernen und zu sehen, worin er Ihrem ähnlich ist und wie er sich von Ihrem unterscheidet. Vielleicht fangen sie sogar an, ihren eigenen Stil dem Ihren anzupassen. Um ihnen dies zu erleichtern, könnten Sie den Gedanken »installieren«, dass Beziehung keine Einbahnstraße ist, sondern eine Straße, auf der man einander entgegenkommt.

Wenn Ihre Kinder den Test noch nicht selbst machen können, können Sie ihn an ihrer Stelle machen, indem Sie die Fragen so beantworten, wie Sie glauben, dass Ihre Kinder sie beantworten würden. Je besser Sie die einzelnen Kommunikationsstile verstanden haben, desto besser werden Sie dazu in der Lage sein. Sie können die Kinder natürlich auch fragen, ob sie mit Ihren Antworten einverstanden sind.

Wenn Sie mehr als ein Kind haben, wird Ihnen das Verstehen ihrer Stile die Möglichkeit geben, genau die Kommunikationsmethoden zu entwickeln und einzusetzen, die den besten Rapport mit jedem einzelnen Kind ermöglichen. Damit stehen Ihnen dann auch – sozusagen als Bonus – die Werkzeuge zur Verfügung, mit deren Hilfe Sie Kinder mit unterschiedlichen Kommunikationsstilen dabei unterstützen können, ihre Beziehungen untereinander zu verbessern.

Tipp: Hängen Sie einen Zettel mit Ihren eigenen Testergebnissen und den Ergebnissen jedes Kindes an die Kühlschranktür, an den

Küchenschrank oder vielleicht sogar an den Badezimmerspiegel. Sie können auch eine Liste mit den Worten, die jeder Kommunikationstyp häufig gebraucht, erstellen und sie irgendwo aufhängen, damit Sie immer daran denken, Ihre Kommunikation entsprechend anzupassen.

Worte, die Ihnen helfen, sich dem Kommunikationsstil Ihres Kindes anzupassen

VISUELL	Sehen, schauen, abbilden, vorstellen, scheinen, betrachten
AUDITIV	Hören, klingen, nachhallen, sag mir, Harmonie, Idee
KINÄSTHETISCH	Fühlen, anfassen, zusammen, bequem, verbinden
DIGITAL	Verstehen, bedenken, Detail, wissen, beschreiben, herausfinden, verarbeiten, logisch

Wie Sie mit dem Kommunikationsstil Ihrer Kinder in Rapport gehen

VISUELL	Gehen Sie nicht zu sehr ins Detail.
	Sagen Sie ihnen, wie lange sie brauchen werden, um eine Aufgabe zu bewältigen.
	Lassen Sie sie rechtzeitig wissen, wenn etwas von ihnen erwartet wird.
	Hängen Sie Listen auf, die sie sich anschauen können. Benutzen Sie verschiedenfarbige Stifte dafür.
AUDITIV	Geben Sie Schritt-für-Schritt-Anweisungen.
	Fragen Sie, ob Sie »gehört« wurden.
	Bitten Sie um Ideen, wie man es »besser« machen könnte.
	Denken Sie daran: Langwierige Aufgaben führen dazu, dass ihre Konzentration nachlässt und sie etwas anderes machen wollen.

KINÄSTHETISCH	Geben Sie ihnen nicht zu viele Wahlmöglichkeiten.
	Versuchen Sie Aufgaben so zu präsentieren, dass der Spaß nicht zu kurz kommt.
	Fragen Sie, ob sich die Kinder mit dem, was Sie vorgeschlagen haben, gut fühlen.
	Fragen Sie, wie Sie bei der Bewältigung einer Aufgabe behilflich sein können.
	Umarmen Sie sie viel und oft.
DIGITAL	Bitten Sie sie, etwas zu tun, statt ihnen zu sagen, was sie zu tun haben.
	Begründen Sie, warum sie tun sollen, worum Sie sie bitten.
	Beweisen Sie ihnen, dass Sie ihnen vertrauen, indem Sie sie nicht ständig kontrollieren.
	Geben Sie ihnen genügend Zeit, um eine gestellte Aufgabe zu Ende zu bringen. Hetzen Sie sie nicht.

Berater, Trainer und ihre Klienten

Damit Sie als Berater oder Trainer erfolgreich sein können, brauchen Sie möglichst viele Informationen von Ihrem Klienten. Manchmal müssen Sie heikle und persönliche Fragen stellen, um herauszufinden, was Ihr Klient braucht und/oder welche Themen er ansprechen möchte. Wenn Ihre Kommunikationsstile nicht zueinanderpassen, ist die Gefahr größer, dass der Rapport zwischen Ihnen unterbrochen wird, weil sich der Klient nicht angenommen fühlt oder glaubt, er werde missverstanden. Wenn das passiert, ist es wahrscheinlich, dass er die Beziehung zu Ihnen beendet.

Für die Effektivität eines jeden Beraters oder Trainers ist es daher wichtig zu wissen, wie man möglichst schnell mit allen vier Kommunikationstypen Resonanz herstellt. Dem Berater oder Trainer, der das weiß, gelingt es bedeutend schneller, Rapport mit seinen Klienten aufzubauen.

Nutzen Sie den Test zur Einschätzung des Kommunikationsstils in der Arbeit mit Ihren Klienten

Sie können den Test zu einem Bestandteil des Aufnahmegesprächs mit neuen Klienten machen.

Später, wenn Sie den Rapport aufbauen und es für angemessen halten, können Sie die Testergebnisse mit Ihren Klienten diskutieren und in diesem Zusammenhang erklären, warum sie mit manchen Menschen besser in Kontakt kommen als mit anderen. Das kann Ihren Klienten zu mehr Selbsterkenntnis verhelfen.

Tipp: Notieren Sie den Kommunikationsstil des jeweiligen Klienten in seiner Akte, um sich selbst immer wieder daran zu erinnern, wie Sie in den Sitzungen am besten mit ihm kommunizieren. Außerdem können Sie aufschreiben:

- Fragen, zu denen der Klient eine Beziehung hat und die er leicht beantworten kann.
- Wie Sie seinen Stil am besten unterstützen oder fördern.

Die folgenden Listen können Ihnen dabei als Richtschnur dienen.

Fragen, die Ihre Klienten unmittelbar ansprechen

VISUELL	Sehen Sie, wie Sie das in Zukunft tun werden?
	Entspricht das dem Bild, das Sie im Kopf hatten?
	Sind Sie sich über Ihre Entscheidung im Klaren?
	Wie sehen Ihre nächsten Schritte aus?
AUDITIV	Welche Ideen haben Sie von Ihren Zielen?
	Was von dem, was ich gesagt habe, hat etwas in Ihnen zum Klingen gebracht?
	Wie können Sie Ihre Idee noch verbessern?
	Und alle »Was wäre, wenn ...«-Fragen.
KINÄSTHETISCH	Was können wir gemeinsam tun, um weiterzukommen?
	Was fühlt sich besser an: A oder B?
	Wie kann ich Sie am besten unterstützen?
	Ist dies das Passende für Sie?

DIGITAL	Wie denken Sie über diesen Plan?
	Macht diese Richtung Sinn für Sie?
	Welche Reihenfolge schlagen Sie für die nächsten Schritte vor?
	Was hat Ihnen an dieser Sitzung am besten gefallen?

Wie Sie die verschiedenen Kommunikationstypen am besten unterstützen und fördern können

VISUELL	Das sind die Menschen, die gut darin sind, das große Ganze zu sehen. Helfen Sie ihnen bei der Suche nach einem Team, das sich um die Details kümmert.
	Setzen Sie kurze Sitzungen an und achten Sie auf die Einhaltung der vereinbarten Zeitfenster.
	Bitten Sie sie um einen aktuellen Überblick über das, was sie seit dem letzten Treffen erreicht haben. Wahrscheinlich kommen sie schon mit einer Liste der Dinge, die sie erreicht haben, und haken dann einen Punkt nach dem anderen ab.
	Meistens kennen diese Menschen ihre Vision/ihr Ziel.
AUDITIV	Die Angehörigen dieses Kommunikationstyps sind Problemlöser und Ideenmenschen. Das heißt: Sie präsentieren vielleicht ständig neue Herangehensweisen an dasselbe Problem oder springen von Projekt zu Projekt.
	Hören Sie sich ihre neuen Ideen und Geschichten an, denn wenn Sie das versäumen, machen sie vielleicht die Schotten dicht.
	Helfen Sie ihnen, bei der Sache zu bleiben und sich auf das gerade anstehende Projekt zu konzentrieren.
	Erinnern Sie sie daran, dass es in Ordnung ist, viele Projekte zu haben, aber dass es Ihnen im Moment nur um dieses eine geht.

AUDITIV	Machen Sie deutlich, dass Sie gehört haben, was sie zu sagen hatten. Wenn Sie das nämlich nicht tun, werden sie sich wiederholen.
KINÄSTHETISCH	Diese Gruppe bevorzugt in der Regel Einzelsitzungen mit persönlicher Ansprache.
	Kontakt ist ihnen sehr wichtig. Nehmen Sie sich also zu Beginn der Sitzung ein wenig Zeit für ein persönliches Gespräch und teilen Sie auch etwas von sich selbst mit.
	Diese Menschen brauchen Zeit und haben oft Schwierigkeiten, Entscheidungen zu treffen. Geben Sie ihnen so wenige Wahlmöglichkeiten wie möglich, denn allzu viele Optionen überfordern sie.
	Wenn sie Hausaufgaben bekommen oder eine Übung machen sollen, möchten sie vermutlich mit Ihnen oder jemand anderem zusammenarbeiten. Ermutigen Sie sie, sich einen Partner zu suchen und die anstehenden Aufgaben gemeinsam zu erledigen.
DIGITAL	Diese Klienten klingen vielleicht, als »wüssten« sie schon alles. Meistens stimmt das auch.
	Geben Sie ihnen Zeit, um eine Reihenfolge festzulegen, in der sie die anstehenden Aufgaben und Projekte bearbeiten wollen.
	Diese Menschen lieben Ordnung, Prozesse und Struktur.
	Ermutigen Sie sie, einen Stufenplan auszuarbeiten, der für sie funktioniert.
	Schreiben Sie ihnen nicht vor, was sie tun sollen.

Lehrer und Schüler

Wenn Sie Lehrer sind, können Sie es vielleicht schon nicht mehr hören, dass sich manche Ihrer Schüler ständig beschweren, Ihr Unterricht langweile sie und sie bekämen »einfach nichts mit«. Die Herausforderung für Lehrer besteht darin, Schüler aller Kommunikationsstile gleichermaßen anzusprechen. Denn unser Kommunikationsstil bestimmt, wie wir Informationen aufnehmen und verarbeiten – mit anderen Worten: wie wir lernen. Je mehr Sie also darüber wissen, wie jeder Kommunikationstyp am liebsten lernt, desto besser kommen Sie mit *allen* Schülern einer Klasse in Kontakt und desto besser können Sie sie begeistern. Begeisterte Schüler lernen besser und behalten mehr von dem, was sie gelernt haben.

Setzen Sie den Test zur Einschätzung des eigenen Kommunikationsstils ein

Es kann sehr nützlich sein, Schüler diesen Test machen zu lassen. Sie können ihnen erklären, dass die Informationen, die Sie auf diese Weise erhalten, Ihnen helfen werden, besser mit ihnen (den Schülern) in Kontakt zu kommen – mit dem Ziel, dass alle den Unterricht als produktiver und erfüllter erleben.

Tipp: Wenn alle den Test gemacht haben, schreiben Sie den Kommunikationsstil jedes Schülers/jeder Schülerin neben seinen/ihren Namen in Ihr Lehrerheft.

Wichtige Merkmale der einzelnen Kommunikationsstile

Wenn Ihre Schüler den Test zur Einschätzung ihres Kommunikationsstils nicht machen können (zum Beispiel, weil sie noch zu jung dafür sind), können Sie selbst versuchen, ihren jeweiligen Stil zu bestimmen, indem Sie sich mit den folgenden Merkmalen vertraut machen:

VISUELL	Schauen sich gern Diagramme und Bilder an.
	Sitzen gern vorn, wo sie alles sehen können (wenn sie eher hinten sitzen, lassen sie sich leicht ablenken).
	Beantworten die meisten Fragen sehr schnell.
AUDITIV	Hören gern Geschichten und erzählen auch gern welche.
	Schreiben meistens nicht mit, weil sie sich etwas, was sie hören, gut merken können.
	Geben oft lange, ausführliche Antworten und hören sich gern selbst reden.
	Stellen in der Regel viele gute Fragen.
KINÄSTHETISCH	Lernen am besten über praktische Erfahrung.
	Haben gern alle häuslichen Annehmlichkeiten dabei: Kissen, Pullover, viel Papier und viele Stifte zum Schreiben.
	Arbeiten gut im Team bzw. in der Gruppe.
DIGITAL	Mögen Fragen, über die sie nachdenken können.
	Normalerweise sitzen sie irgendwo hinten und nehmen nicht am Unterricht teil, bis man sie fragt: »Was denkst du denn darüber?« oder: »Was meinst du?«
	Sie brauchen Zeit, um die Fragen zu verarbeiten, und haben manchmal großartige Antworten – *am nächsten Tag*.

Unterrichtstechniken, die jeden Kommunikationstyp ansprechen

Sobald Sie verstanden haben, wie jeder Kommunikationstyp Informationen am besten aufnimmt und verarbeitet, wird es Ihnen möglich sein, eine Vielzahl von Unterrichtstechniken zu entwickeln und einzusetzen, die sämtliche Schülertypen ansprechen.

Was die einzelnen Kommunikationstypen gern mögen/machen ...

VISUELL	Listen schreiben
	Fragen laut beantworten
	Arbeitsblätter mit Leerstellen zum Ausfüllen
	Sich Notizen machen
	Farbige Stifte und Marker zum Hervorheben
AUDITIV	In einem Brainstorming Ideen sammeln
	Geschichten erzählen
	Möglichkeiten finden, wie man Dinge besser machen kann
	Einsatz von Musik und Instrumenten
	Gespräche und Diskussionen in der Gruppe
KINÄSTHETISCH	Praktische Erfahrungen machen
	Partnerarbeit
	Kreativ sein und Spaß haben
	Einsatz von Arbeitsblättern und Erhebungsbögen
DIGITAL	Das Sortieren neuer Inhalte
	Einsatz von Diagrammen
	Sammeln und analysieren von Daten und Statistiken
	Einsatz von Arbeitsblättern

... und was nicht

VISUELL	Dinge auswendig lernen
	»Spielen« – sie arbeiten lieber, als dass sie spielen
	Sich Vorträge anhören
	Etwas Persönliches mitteilen
	Gruppenarbeit
AUDITIV	Still sein müssen
	Keine Gelegenheit haben zu sprechen und/oder Fragen zu beantworten
	Sich zu viele Notizen machen müssen
KINÄSTHETISCH	Keine Zeit mehr für etwas haben, das Spaß macht
	Keine Zeit mehr haben, um Kontakte mit anderen zu pflegen
	Gehetzt werden
	Wenn etwas abrupt endet
DIGITAL	Lange schriftliche Anweisungen
	Mitten im Satz oder Gedankengang unterbrochen zu werden
	Nicht zu Ende geführte Unterrichtseinheiten oder -stunden
	Gehetzt werden
	Gesagt bekommen, was man zu tun hat

Vorgesetzte und Mitarbeiter

Als Vorgesetzter oder Manager müssen Sie nicht nur mit Ihren Mitarbeitern als Gruppe kommunizieren, sondern auch mit jedem einzelnen von ihnen. Ein einziger missmutiger Mitarbeiter genügt, um die Stimmung oder Energie des gesamten Arbeitsumfelds zu stören. Ein Angestellter, der sich missverstanden oder nicht akzeptiert fühlt, wird seine Negativität auf das gesamte Team übertragen.

Zu wissen, wie man Kommunikationsstile bestimmen und mit allen vier Typen kommunizieren kann, ist aus einer ganzen Reihe von Gründen wichtig.

Als Vorgesetzter wollen Sie in der Lage sein, ein Team zusammenzustellen, das aus allen vier Kommunikationstypen besteht. Warum? Wenn alle Teammitglieder visuelle Kommunikationstypen wären, würden sie nur über »das große Ganze« und den »Überblick« reden, aber nie die Details oder den Prozess ansprechen. Wenn alle Teammitglieder auditive Typen wären, würden sie ewig »darüber sprechen«, von einer guten Idee zur nächsten springen und es nie schaffen, auch nur eine davon umzusetzen. Ein rein kinästhetisches Team würde die ganze Zeit nur dafür sorgen, dass die Beziehung der Teammitglieder gut ist und dass alle ihren Spaß haben. Und nur digitale Typen? Sie würden so viel Zeit mit dem Organisieren und dem Anfertigen von Listen verbringen, dass das Projekt nie aus der Planungsphase herauskäme.

Wenn Sie Ihr Team zusammengestellt haben, müssen Sie nur noch effektiv mit allen Teammitgliedern kommunizieren, und das bedeutet: Sie müssen Ihre Herangehensweise so anpassen, dass sie zum individuellen Kommunikationsstil jedes einzelnen Mitarbeiters passt.

Damit sie zusammenarbeiten können, müssen auch die einzelnen Teammitglieder in der Lage sein, sowohl untereinander als auch mit Ihnen, ihrem Vorgesetzten, effektiv zu kommunizieren.

Wenn Sie die Gruppe als Ganzes ansprechen, müssen Sie in der Lage sein, alle vier Kommunikationsstile zu berücksichtigen, um sicherzustellen, dass Sie mit all Ihren Mitarbeitern in Resonanz sind.

Setzen Sie den Test zur Einschätzung des eigenen Kommunikationsstils ein

- Bitten Sie Ihre Mitarbeiter, den Test zu machen, um den eigenen Kommunikationsstil zu bestimmen.
- Dann können die Mitarbeiter ihre Testergebnisse miteinander vergleichen.
- Geben Sie jedem Mitarbeiter eine Liste der von den jeweiligen Kommunikationstypen gern benutzten Worte (oder hängen Sie diese Liste an einem Ort auf, an dem jeder sie einsehen kann).
- Versuchen Sie individuelle Aufgaben so zu verteilen, dass sie zu dem jeweiligen Kommunikationsstil passen. Ideal wäre es, wenn jeder Kommunikationstyp genau die Aufgaben bekäme, die seinem Stil entsprechen (siehe Tabelle auf Seite 151 f.).

Aufgaben dem Kommunikationsstil der Mitarbeiter anpassen

Wenn ein Mitarbeiter gebeten wird, einen Auftrag zu übernehmen, der seinem Kommunikationsstil nicht entspricht, kann es passieren, dass dieser Auftrag entweder gar nicht ausgeführt wird oder dass er nicht so gut erledigt wird, wie er erledigt werden könnte beziehungsweise sollte. Verzögerungen im Ablauf, Entschuldigungen, Ausflüchte und Erklärungen, warum Aufgaben nicht erledigt werden konnten, oder desinteressierte Mitarbeiter vermindern die allgemeine Produktivität am Arbeitsplatz. Wenn es Ihnen jedoch gelingt, dem richtigen Kommunikationstyp die richtige Aufgabe zu geben, haben Sie ein leistungsfähiges Team, dessen Mitglieder perfekt zusammenarbeiten.

Hier einige Vorschläge für Aufgaben, die am besten zu den jeweiligen Kommunikationstypen passen:

VISUELL	Eine Vision des großen Ganzen entwerfen
	Effektive Teambesprechungen leiten
	Flipcharts zum Einsatz bringen
	Darauf achten, dass die Besprechungen pünktlich beginnen und enden
AUDITIV	Die Leitung übernehmen
	In einem Brainstorming Ideen liefern
	Den Ablauf verbessern
	Darauf achten, dass alles fair abläuft
	Die besten Worte finden, um ein Projekt zu beschreiben
KINÄSTHETISCH	Das Team zusammenstellen
	Mit Spielen und Übungen für gute Beziehungen innerhalb des Teams sorgen
	Teambesprechungen organisieren

KINÄSTHETISCH	Während der Besprechungen Notizen machen
	Auf die Details achten
DIGITAL	Den Ablauf und die einzelnen Schritte des Projekts planen
	Analytische Fragen stellen, die mit »Was (passiert), wenn ...« beginnen
	Ordnung und Logik in den Zeitplan bringen

Mit dem Mitarbeiterstab als Ganzem kommunizieren

Viele Leute hassen Mitarbeiterbesprechungen und halten sie für Verschwendung wertvoller Arbeitszeit. Manchmal ist es jedoch wichtig, mit dem ganzen Mitarbeiterstab zu kommunizieren oder alle zusammenzubringen, um eine Entscheidung gemeinsam zu treffen. Indem Sie die unterschiedlichen Kommunikationsstile Ihrer Mitarbeiter berücksichtigen und Ihren eigenen darauf abstimmen, sorgen Sie dafür, dass die Meetings produktiver und weniger anstrengend verlaufen, und zwar für alle – Sie selbst eingeschlossen.

VISUELL	Haben gern eine Tagesordnung vorliegen, weil Zeit ihnen sehr wichtig ist.
	Möchten wissen, wann die Besprechung beginnt, und vor allem, wann sie zu Ende ist.
	Bevorzugen kurze Besprechungen (weniger als eine Stunde).
	Verlieren schneller die Konzentration als die anderen Typen und sind dann nicht mehr bei der Sache.
	Um dies zu verhindern, sollten sie Aufgaben bekommen: einladende Worte sprechen, spezielle Ankündigungen verlesen, Feedback zur aktuellen Besprechung sammeln.

AUDITIV	Lassen Sie diese Kommunikationstypen vor Beginn der Besprechung wissen, welche Themen behandelt werden (und welche nicht), um zu verhindern, dass sie abschweifen.
	Sind am effektivsten, wenn sie ihre Meinungen und Ideen beisteuern können.
	Sind gut, wenn sie eine Führungsrolle bekommen.
KINÄSTHETISCH	Lesen die Tagesordnung gern im Voraus, damit sie sich in das »einfühlen« können, was später besprochen wird.
	Sind am effektivsten, wenn die Besprechung in einer sauberen, gut ausgeleuchteten, wohltemperierten und angenehmen Umgebung stattfindet.
	Sind gute Protokollführer, denn dabei können sie sich konzentrieren, und es erlaubt ihnen, ein Gefühl sowohl für das Treffen als auch für das Projekt zu bekommen.
DIGITAL	Lesen die Tagesordnung gern im Voraus, um die Themen für sich in eine Ordnung bringen zu können und sicherzustellen, dass alles angesprochen wird.
	Werden gern um ihre Meinung gebeten. Sie bringen sich nicht von sich aus in die Diskussion ein, sondern reden nur, wenn sie gefragt werden.
	Sie sind vermutlich diejenigen, welche die harten, aber manchmal notwendigen Fragen stellen und so dafür sorgen, dass alle Schritte und Arbeitsprozesse auch wirklich funktionieren.

Verkäufer und Kunden

Jeder, der schon einmal erlebt hat, dass ein potenzieller Kauf nicht zustande kam, weiß, wie schlecht man sich fühlt, wenn der Rapport mit einem Kunden abbricht. Und wenn die Verbindung erst einmal unterbrochen wurde, ist es höchst unwahrscheinlich, dass noch ein Kaufvertrag zustande kommt.

Eine der effektivsten Möglichkeiten, Rapport mit einem Kunden aufzubauen, besteht darin, ihm Fragen zu stellen, die ihn animieren, über das zu sprechen, was er wirklich möchte und braucht. Damit dies geschieht, muss der Verkäufer seine Fragen so stellen, dass sie zum Kommunikationsstil des Kunden passen.

Nutzen Sie den Test zur Einschätzung Ihres Kommunikationsstils

Der erste Schritt in Richtung Anpassung des eigenen Kommunikationsstils an den einer anderen Person besteht darin, sich seines eigenen Kommunikationsstils bewusst zu werden. Dafür machen Sie den Test. Und wenn Sie Ihren eigenen Stil kennen, können Sie sich auch über die anderen drei Stile informieren. Schließlich werden Sie in der Lage sein, durch Beobachten und Zuhören Hinweise darauf zu bekommen, wie Ihr Kunde Informationen am liebsten aufnimmt und verarbeitet, und Ihre Fragen entsprechend stellen können.

Tipp: Machen Sie eine Liste mit den typischen Merkmalen und meistverwendeten Worten jedes Kommunikationstyps. Bewahren Sie Kopien dieser Liste in der Nähe der Ladentheke oder neben dem Telefon auf, damit Sie sich immer gleich daran erinnern, welche Fragen Sie stellen müssen, um die einzelnen Kommunikationstypen anzusprechen.

Wie die einzelnen Kommunikationstypen einkaufen

Nicht immer haben Sie Gelegenheit, auf die Wortwahl Ihrer Kunden zu achten. Es gibt aber auch noch andere typische Merkmale, anhand deren Sie dem Kommunikationsstil Ihrer Kunden auf die Schliche kommen können:

VISUELL	Entscheidet sich in der Regel sehr schnell.
	Interessiert sich im Allgemeinen nicht für Details.
	Will sich gern alles »angucken« oder »erst mal umschauen«.
	Lässt sich davon beeinflussen, wie ein Produkt »aussieht«.
AUDITIV	Spricht gern über sich: Warum er dieses Produkt braucht, was er damit machen will und so weiter.
	Mag Besonderheiten und Neuheiten; Qualität spielt eine wichtige Rolle.
	Stelllte eine Menge guter Fragen.
	Bringt sein Interesse und seine Zustimmung mit Tönen wie »oh«, »ah« und »hm« zum Ausdruck.
	Sagt vielleicht, dass das Produkt mit ihm »harmoniert« oder eben nicht.
KINÄSTHETISCH	Möchte ein erfreuliches Kauferlebnis haben.
	Die Umgebung, in der eingekauft wird, sollte sich »gut« anfühlen.

KINÄSTHETISCH	Er will das Produkt anfassen, berühren und in der Hand halten.
	Er will es auf jeden Fall anprobieren, um zu sehen, ob »es passt«.
	Lässt sich gern etwas vorführen oder demonstrieren.
	Braucht Zeit, um ein »Gefühl« für das Produkt zu bekommen und zu sehen, ob es das passende ist.
	Möchte allein gelassen werden, um seine Entscheidung in Ruhe treffen zu können.
DIGITAL	Stellt viele detaillierte Fragen.
	Möchte Fakten, Statistiken, Berichte, Handbücher usw.
	Braucht Zeit, um all diese Informationen zu verarbeiten, und zieht es vor, nichts zu kaufen, ohne es zuvor einer genauen Prüfung unterzogen zu haben.
	Braucht Bedenkzeit.
	Braucht eine Vertrauensbasis mit dem Verkäufer/ der Verkäuferin.

Wie man die einzelnen Kommunikationstypen am besten ansprechen kann

VISUELL	Sieht das so aus, wie Sie es sich vorgestellt haben?
	Sehen Sie sich in diesem Kleidungsstück?
	Entspricht dies dem Bild, das Sie davon hatten?
	Es dauert nur eine Minute oder zwei; geht ganz schnell.
	Mögen Sie diesen Look?
	Ist das die Farbe/das Design, die/das Sie möchten?
	Wenn Sie etwas sehen, was Ihnen gefällt, lassen Sie es mich wissen.
AUDITIV	Ich bin da, wenn Sie mich etwas fragen möchten.
	Hört sich das so an, wie Sie es sich vorgestellt haben?

AUDITIV	Harmoniert das mit Ihrer Haarfarbe/ Ihrer Augenfarbe usw.?
	Was stellen Sie sich vor?
	Haben Sie schon eine Idee, was Sie möchten?
KINÄSTHETISCH	Könnte das zu Ihnen passen?
	Fühlt sich das gut für Sie an?
	Sind Sie damit glücklich?
	Passt es Ihnen?
	Möchten Sie es gern anfassen/in die Hand nehmen?
	Lassen Sie sich Zeit.
DIGITAL	Brauchen Sie noch mehr Informationen?
	Was möchten Sie noch wissen?
	Macht das Sinn?
	Ist dies Ihre erste Wahl?
	Hat dieses Gerät alle Funktionen, die Sie brauchen?
	Was halten Sie davon?
	Was denken Sie darüber?

Betreiber von Internetseiten und deren Besucher

Um Besucher auf Ihre Internetseite zu locken und dafür zu sorgen, dass sie möglichst oft wiederkommen, müssen Sie an ihren Kommunikationsstil appellieren. Wenn Sie Häufigkeit und Dauer der Besuche auf Ihrer Website checken und dabei feststellen, dass die meisten Besucher nicht länger als zwei Minuten auf Ihrer Seite bleiben, haben Sie mit Ihrem Auftritt vermutlich nicht genug Aufmerksamkeit erregt. Jeder Kommunikationstyp hat bestimmte Präferenzen bezüglich dessen, was er oder sie online sehen, lesen oder hören möchte. Erfolgreiche Internetauftritte sprechen alle Kommunikationsstile an.

Nutzen Sie den Test zur Einschätzung Ihres Kommunikationsstils

Sowohl Sie selbst als Betreiber der Seite als auch Ihr Webdesigner sollten den Test zur Einschätzung des eigenen Kommunikationsstils machen. Lesen Sie dann auch etwas über die anderen Kommunikationsstile, und entscheiden Sie anschließend, wie Sie die Informationen auf Ihrer Website präsentieren wollen, damit sie von allen Kommunikationstypen optimal aufgenommen werden können.

Tipp: Prüfen Sie jede Seite Ihres Internetauftritts im Hinblick darauf, ob und wie sie die verschiedenen Kommunikationstypen anspricht. Bitten Sie Familienmitglieder, Kollegen und Freunde mit anderen Kommunikationsstilen, sich Ihre Webseiten anzuschauen und Ihnen Rückmeldung darüber zu geben, was sie angesprochen hat und was nicht. Auf diese Weise erfahren Sie, ob es Ihnen gelungen ist, Kontakt mit den verschiedenen Kommunikationstypen aufzunehmen oder nicht.

Es kommt nicht nur auf das an, was Sie auf Ihrer Website präsentieren, sondern auch auf das, was Sie nicht präsentieren

Wenn Ihre Website für jeden der vier Kommunikationstypen etwas zu bieten hat, werden Besucher höchstwahrscheinlich mehr Zeit dort verbringen.

Indem Sie beispielsweise eine Frage-und-Antwort-Seite zur Verfügung stellen, befriedigen Sie das Bedürfnis des kinästhetischen Kommunikationstyps nach einem interaktiven Element sowie das Bedürfnis des digitalen Typs nach speziellen Informationen. Eine allgemeine Einleitung erlaubt es dem kinästhetischen Typ, sich mit Ihnen anzufreunden, und gibt dem auditiven Typ die Möglichkeit, sich Ihre Geschichte anzuhören. Mit der Option »Einleitung überspringen« kommen Sie dem visuellen Kommunikationstyp entgegen, der am liebsten gleich zum Punkt kommt. Wenn der ganze Auftritt leicht zu navigieren ist (was er auf jeden Fall sein sollte), ist es ein Kinderspiel, jedem Besucher etwas zu bieten und gleichzeitig allen die Möglichkeit zu geben, Elemente zu überspringen, zu denen sie nicht so leicht Zugang finden.

Was die einzelnen Kommunikationstypen mögen ...

VISUELL	Aktuelle Fotos
	Ein Porträt des Betreibers der Website
	Möglichst wenig Text; Stichworte
	Kurze Videoclips
AUDITIV	Tonsequenzen (Audiodateien)
	Grammatikalisch richtige Texte ohne Rechtschreibfehler
	Geschichten
KINÄSTHETISCH	Willkommensgruß
	Porträt des Betreibers (um Vertrauen aufzubauen)
	Kontaktformular
	Interaktive Elemente
	Möglichkeit, einen Kommentar abzugeben
	Leichte Navigation
	Videoclips
DIGITAL	Eine Frage-und-Antwort-Seite
	Kontaktformular mit möglichst vielen Kontaktmöglichkeiten (Post- und E-Mail-Adresse, Telefon [Festnetz und mobil]), Faxanschluss usw.
	Fakten und Zahlen, welche die gegebenen Informationen stützen

... und was nicht

VISUELL	Zu viel Text, zu wenig Grafiken
	Kein Foto des Betreibers
	Langatmige Verkaufsargumente
	Zu viel Animation
	Zu wenig ansprechende Gestaltung

AUDITIV	Stilistisch und grammatikalisch schlechte Texte
	Zu viele Menüpunkte
	Schwierige Navigation, schwer zu findende Informationen
KINÄSTHETISCH	Kein Foto des Betreibers
	Fehlende Kontaktinformationen
	Langatmige Verkaufsargumente
DIGITAL	Unlogische oder unübersichtliche Tabellen
	Mangelnde Ordnung bzw. schlechte Organisation

TEIL 7

Zehn besondere Techniken, die Lehrer und Trainer in Kontakt mit ihren Schülern bringen und beschleunigte Lernprozesse bewirken

Die Techniken und was sie bewirken

Wenn Sie Lehrer oder Trainer sind, ist es bei Ihnen – mehr als bei den meisten anderen Menschen – wahrscheinlich, dass Sie mit Vertretern aller vier Kommunikationsstile gleichzeitig arbeiten. Daher ist es für Sie besonders wichtig, dass Sie in der Lage sind, Informationen in einer Weise zu präsentieren, von der alle vier Kommunikationstypen gleichermaßen profitieren.

Die zehn Techniken, die ich Ihnen hier vorstelle, sind so konzipiert, dass sie Ihnen helfen, Rapport aufzubauen und Ihre Schüler zu mehr Mitarbeit zu animieren, damit sie den Lernstoff schneller aufnehmen können – also mit beschleunigter Geschwindigkeit beziehungsweise in kürzerer Zeit.

Bitte beachten Sie, dass der Gebrauch von Overheadprojektoren, Flipcharts und anderen visuellen Hilfsmitteln hier nicht behandelt wird. Wenn Sie diese Hilfsmittel überhaupt benutzen – für das beschleunigte Lernen sind sie nicht besonders effektiv –, schlage ich vor, sie eher sparsam einzusetzen.

Die zehn Techniken sind:

1. Einleitende Fragen stellen
2. Schnelle Antworten im Chor
3. Auf einer Antwort bestehen
4. »Sprecht mir nach …«
5. Arbeitsblätter ausfüllen lassen
6. »Das ist wichtig. Schreibt es auf.«

7. Die Energie im Raum verändern
8. Partnerarbeit
9. Arbeit in Kleingruppen
10. Rekapitulation in der Gruppe

1. Einleitende Fragen stellen

Was das ist

Eine einleitende Frage stellen Sie mit der Absicht, von den meisten Gruppenmitgliedern eine Antwort oder Reaktion zu bekommen.

Was es bewirkt

- Eine solche Frage lässt die Schüler wissen, dass die Stunde oder Trainingseinheit interaktiv sein wird und dass ihre Mitarbeit erwartet wird.
- Sie baut Barrieren ab, die eine erfolgreiche Mitarbeit verhindern.
- Sie gibt jedem Schüler die Möglichkeit, sich zu beteiligen.
- Sie macht deutlich, dass der Lehrer oder Trainer die Zügel in der Hand hat.

Wie es funktioniert

Diese Technik wird am besten zu Beginn einer Stunde oder Trainingseinheit eingesetzt.

Sie ist am effektivsten, wenn der Lehrer oder Trainer zwei Fragen stellt, die auf positive Antworten von zwei verschiedenen Gruppen abzielen, zum Beispiel »Wer von euch mag gern Eiscreme?«

und »Wer von euch mag keine Eiscreme?« Damit erreicht man, dass die meisten, wenn nicht sogar alle Schüler mitmachen.

Wenn der Lehrer diese erste Frage stellt, hebt er seine rechte Hand und hält sie oben. Damit macht er den Schülern verständlich, dass auch sie in dieser Weise antworten sollen. Wenn er die zweite Frage stellt, hebt er die linke Hand und macht damit deutlich, dass dies eine neue Frage ist, die ebenfalls beantwortet werden will.

Anfangs gibt es vielleicht noch ein paar schüchterne oder stille Schüler, die nicht gleich mitmachen wollen. Wenn der Lehrer oder Trainer aber seine Hand zwanzig oder dreißig Sekunden lang oben hält, werden auch die Zögernden animiert zu antworten, zumal sie sehen, dass sich immer mehr beteiligen.

Wichtiger Schlüssel für diese Technik

Es ist wichtig, die Frage mit »Wer von euch/von Ihnen …« beginnen zu lassen, denn diese Wortwahl setzt voraus, dass es unter den Anwesenden jemanden gibt, der die Frage beantworten wird.

Beispiele

Lehrer / Trainer	Zwei einleitende Fragen, eine für jede Hand
Ein Fitnesstrainer, der eine Probestunde gibt, könnte fragen:	Wer von Ihnen hat Schwierigkeiten, ein Trainingsprogramm regelmäßig zu machen?
	Wer von Ihnen hat kein Problem, ein Trainingsprogramm regelmäßig zu machen?
Ein Lebensberater, der einen Vortrag hält, könnte fragen:	Wer von Ihnen hat das Gefühl, dass sein Leben ein wenig hektisch und aus dem Gleichgewicht ist?
	Wer von Ihnen kennt jemanden, dessen Leben im Gleichgewicht ist und der Erfolg mit allem hat, was er tut?
Ein Webdesigner, der seine Arbeit vorstellt, könnte fragen:	Wer von Ihnen ist überfordert mit all den Dingen, die beachtet werden müssen, bevor ein Internetauftritt wirklich steht?
	Wer von Ihnen hat schon einmal einen informativen und attraktiven Internetauftritt gesehen und möchte sich selbst ähnlich eindrucksvoll im Netz darstellen?
Ein Kommunikationstrainer, der einen Vortrag hält, könnte fragen:	Wer von Ihnen hat Schwierigkeiten, mit manchen Klienten/Kunden zu kommunizieren?
	Wer von Ihnen kommt ganz leicht und schnell mit allen Menschen in Kontakt?

2. Schnelle Antworten im Chor

Was das ist

Sie stellen die Fragen so, dass Sie von allen Anwesenden eine unmittelbare, aus einem oder zwei Worten bestehende Antwort bekommen.

Was es bewirkt

- Animiert die Schüler aufzupassen.
- Animiert die Schüler, sich mündlich zu beteiligen.
- Gibt den Schülern die Möglichkeit, neue Informationen zu integrieren, indem sie die Antworten laut aussprechen.
- Zu hören, wie die ganze Gruppe es noch einmal laut ausspricht, hilft den Schülern, das, was sie gerade gelernt haben, besser zu behalten.
- Hält die Energie im Raum auf einem hohen Niveau.

Wie es funktioniert

Wenn ein Lehrer oder Trainer Informationen als Vortrag beziehungsweise Monolog vermittelt, verlieren die Schüler schnell das Interesse oder konzentrieren sich nicht mehr. Etwa alle zwei oder drei Minuten Fragen zu stellen, die kurze, laut ausgesprochene Antworten erfordern, hilft ihnen, besser aufzupassen und bei der

Sache zu bleiben. Außerdem bekommen die Schüler das Gefühl, dass sie wirklich etwas lernen, wenn sie in der Lage sind, »die richtigen Antworten« zu geben.

Hinzu kommt, dass auch falsche Antworten von Nutzen sind. Jede falsche Antwort gibt dem Lehrer oder Trainer die Möglichkeit, demjenigen, der sie gegeben hat, für seine Beteiligung zu danken und den fraglichen Punkt dann etwas ausführlicher zu behandeln, indem er zunächst um mehr Informationen aus der Gruppe bittet.

Wichtiger Schlüssel für diese Technik

Je mehr Antworten der Lehrer haben will, desto mehr Schüler werden aufgefordert, sich zu beteiligen. Wenn ein Lehrer oder Trainer diese Technik einsetzt, wundern sich die Schüler oft, wie schnell die Zeit vergeht und wie leicht es ist, sich die Informationen zu merken.

Beispielfragen, die zu schnellen Antworten verlocken

Nachdem ein Lehrer jüngeren Schülern beigebracht hat, dass ein Oktogon acht und ein Quadrat vier Seiten hat, könnte er diese Information rekapitulieren und festigen, indem er fragt:

- Wie viele Seiten hat ein Oktogon?
  Und die Schüler antworten im Chor: »Acht.«
- Wie viele Seiten hat ein Quadrat?
  Und die Schüler antworten im Chor: »Vier.«

3. Auf einer Antwort bestehen

Was das ist

Auf einer Antwort bestehen heißt, dass der Lehrer oder Trainer erst dann zum nächsten Thema übergeht, wenn er auf die Frage, die er gestellt hat, eine Antwort erhalten hat.

Was es bewirkt

- Macht die Erwartungen des Lehrers oder Trainers deutlich.
- Animiert die Schüler, wach zu bleiben und aufzupassen.
- Lockert die Stimmung auf und hilft den Schülern, eventuelle Schüchternheitsbarrieren zu überwinden, sodass alle Anwesenden sich eher trauen, etwas zu sagen.
- Stimmt alle auf ein Lernerlebnis mit hoher Beteiligung ein.

Wie es funktioniert

Wenn der Lehrer oder Trainer eine Frage stellt, die unbeantwortet bleibt, macht er ein paar Bemerkungen, die deutlich machen, dass diese Frage nicht ohne Antwort bleiben darf.

Wichtiger Schlüssel für diese Technik

Wenn diese Technik schon sehr früh, am besten gleich zu Beginn des Trainings oder der Unterrichtsstunde eingesetzt wird, wird der Lehrer oder Trainer sie nur ein- oder zweimal anwenden müssen, nämlich nur so lange, bis die Schüler verstanden haben, dass sie die Fragen laut beantworten sollen.

Beispiele für »beharrende« Bemerkungen

- Ich brauche die Antwort von euch allen. Versuchen wir's gleich noch einmal.
- Aha, nur einige von euch? Das versuchen wir gleich noch einmal. Wer von euch …?
- Ich weiß, ihr seid vielleicht nicht daran gewöhnt, laut zu antworten. Versuchen wir's also gleich noch einmal.

4. »Sprecht mir nach ...«

Was das ist

Nachdem der Lehrer oder Trainer eine Schlüsselinformation gegeben hat, könnte er unmittelbar im Anschluss eine Frage stellen, welche die Klasse dazu animiert, genau das zu wiederholen, was gerade gesagt wurde.

Was es bewirkt

- Gibt den Schülern die Möglichkeit, neue Informationen zu integrieren, indem sie sie laut aussprechen – als Antwort auf eine entsprechend gestellte Frage.
- Zu hören, wie die ganze Gruppe die Antwort laut ausspricht, hilft Schülern zu behalten, was sie gerade gelernt haben.
- Hält die Energie im Raum auf einem hohen Niveau.
- Bezieht die Schüler ein und hält sie wach und aufmerksam.
- Gibt den Schülern das Gefühl, Teil des Lernprozesses zu sein.

Wie es funktioniert

Wenn Schüler große Mengen an Informationen aufnehmen müssen, fühlen sie sich nicht selten überfordert und schalten ab, indem sie nicht mehr zuhören und sich nicht mehr melden. Wenn sie eine Information nur ein einziges Mal hören, kann es sein, dass sie sich schon kurz darauf nicht mehr daran erinnern. Indem der Lehrer sie durch seine Frage dazu bringt, diese Information zu wiederholen, stellt er sowohl sicher, dass die Schüler wach und aufmerksam bleiben, als auch, dass sie die wichtige Information mehr als einmal hören und sie sich dann auch besser merken können.

Wichtiger Schlüssel für diese Technik

Ähnlich wie die Technik »Schnelle Antworten im Chor« sollte auch diese Technik im Laufe eines Kurses oder einer Unterrichtsstunde etwa alle zwei oder drei Minuten eingesetzt werden.

Schüler lernen, schnell zu antworten, und der Lehrer oder Trainer wird feststellen, dass sich die meisten am Unterricht beteiligen. Selbst schüchterne Schüler und jene, deren Mitarbeit sonst eher zu wünschen übrig lässt, werden sich nun öfter melden.

Beispiele für Fragen, die zum Wiederholen der zuvor gegebenen Informationen animieren

Für einen Fitnesstrainer, der eine Probestunde gibt	Dreißig Minuten Herz-Kreislauf-Training täglich ist ein guter Schnitt. Wie viele Minuten täglich?
Für einen Webdesigner, der einen Workshop leitet	Der Link zu Ihrem Kontaktformular sollte oben rechts auf Ihrer Webseite stehen. Also, wo sollte der Link zum Kontaktformular sein?
Für Erdkundelehrer	Dieses Land hat sieben Provinzen. Wie viele Provinzen hat es?

5. Arbeitsblätter mit Leerstellen ausfüllen lassen

Was das ist

Damit der Lehrer oder Trainer diese Technik zum Einsatz bringen kann, muss er entsprechend vorbereitete Arbeitsblätter mitbringen. Die Schüler oder Kursteilnehmer füllen die Leerstellen in den Arbeitsblättern nach Anweisung des Lehrers mit den fehlenden Informationen.

Was es bewirkt

Die simple Tatsache, dass sie diese Arbeitsblätter vor sich liegen haben, bewirkt, dass sich die Schüler besser konzentrieren.

Wenn die Schüler gemerkt haben, dass sie die fehlenden Informationen in regelmäßigen Abständen eintragen müssen, ist es bedeutend wahrscheinlicher, dass sie aufpassen, weil sie ja nichts verpassen wollen.

Die Schüler werden alle Lücken füllen wollen und deshalb die ganze Zeit aufpassen.

Wie es funktioniert

Nachdem die Lernenden ihre Arbeitsblätter ausgefüllt haben, nehmen sie sie wahrscheinlich auch mit nach Hause. Das ermöglicht es ihnen, sich ihre Notizen immer wieder anzuschauen und sie so im Gedächtnis zu behalten beziehungsweise immer wieder aufzufrischen.

Auf dem Arbeitsblatt sollte auch die Website des Trainers beziehungsweise ein Literaturhinweis angegeben sein, sodass die Schüler wissen, wohin sie sich wenden oder wo sie nachschauen können, wenn sie weitere Informationen benötigen.

Wichtiger Schlüssel für diese Technik

Arbeitsblätter, auf denen die Informationen in leere Zeilen, Kästen, Tabellen, Kreise und so weiter eingefügt werden müssen, sind am effektivsten. Lehrer sollten darauf achten, dass die Schüler mindestens alle fünf Minuten etwas zum Ausfüllen haben, weil so sichergestellt ist, dass sie konzentriert bei der Sache bleiben.

Beispiele, wie man diese Arbeitsblätter gestalten kann

Verwenden Sie Anweisungen wie:

- Schreibt den Namen … in Zeile fünf.
- Nehmt euch den Kasten ganz oben auf der Seite vor und schreibt dort … hinein.
- Zeichnet einen Kreis in die Mitte des Blatts und schreibt/malt dort … hinein.

6. »Das ist wichtig. Schreibt es auf.«

Was das ist

Dies ist eine Möglichkeit, dafür zu sorgen, dass die Schüler wirklich aufpassen, wenn der Lehrer oder Trainer eine besonders wichtige Information gibt.

Was es bewirkt

Ruft Schüler, die vielleicht gerade träumen oder nicht ganz bei der Sache sind, auf, sich wieder auf den Stoff zu konzentrieren.

Animiert die Schüler, aktiv zu werden, indem sie etwas aufschreiben.

Wie es funktioniert

Wenn der Lehrer oder Trainer feststellt, dass die Klasse »abdriftet« oder nicht mehr konzentriert ist, trägt diese Technik dazu bei, dass sich die Schüler wieder aufrecht hinsetzen und Notizen machen. Sie sorgt auch dafür, dass wichtige Informationen nicht untergehen, sondern die Aufmerksamkeit bekommen, die sie verdienen.

Wichtiger Schlüssel für diese Technik

Setzen Sie den Satz »Das ist wichtig« sparsam ein. Denn wenn Sie ihn überstrapazieren, denken die Schüler vielleicht, dass Sie einfach alles für wichtig halten, und nehmen Sie nicht mehr ernst.

Beispiele für Sprüche, die mit »Das ist wichtig« beginnen

- Das ist wichtig. Ich möchte, dass ihr es aufschreibt.
- Das ist wichtig. Notiert es.
- Das ist wichtig. Ihr solltet es wirklich gut verstanden haben.

7. Die Energie im Raum verändern

Was das ist

Dies ist eine Möglichkeit für den Lehrer oder Trainer, eine Gruppe von Schülern, die nicht mehr konzentriert ist und sich nicht mehr am Unterricht beteiligt, wieder fit zu bekommen.

Was es bewirkt

Es sorgt dafür, dass Schüler von dem profitieren, was gerade gelehrt wird, weil sie sich konzentriert mit dem Stoff, der gerade vermittelt wird, beschäftigen.

Wie es funktioniert

Dadurch dass der Lehrer oder Trainer plötzlich etwas anderes tut oder die Schüler bittet, etwas anderes oder Unerwartetes zu tun, wird die Energie im Raum aufgefrischt und Schüler, die sich vielleicht gelangweilt haben oder unkonzentriert waren, kommen wieder in Kontakt mit dem Lehrer und dem Unterrichtsstoff.

Wichtiger Schlüssel für diese Technik

Warten Sie nicht zu lange, bis Sie diese Technik einsetzen. Sobald Sie feststellen, dass sich die Energie der Schüler zerstreut oder es zu still im Raum wird, sollten Sie etwas tun, um alle »aufzurütteln« und »die Spinnweben wegzufegen«.

Beispiele, wie die Energie im Raum verändert werden kann

- Lassen Sie die Schüler aufstehen und sich recken und strecken.
- Animieren Sie die Schüler zu applaudieren, wenn ein Mitschüler eine richtige Antwort gibt.
- Verändern Sie Ihre eigene Position vor der Klasse beziehungsweise im Raum. Stellen Sie sich an einen Platz, wenn Sie eine Geschichte erzählen, und gehen Sie an einen anderen, wenn Sie eine Frage stellen. Verändern Sie Ihre Position auch immer dann, wenn Sie das Thema wechseln.

8. Partnerarbeit

Was das ist

Es ist eine Möglichkeit, einzelne Schüler zur Zusammenarbeit mit einzelnen anderen Schülern zu animieren.

Was es bewirkt

- Hilft neuen Schülern, das Eis zu brechen.
- Animiert auch schüchterne Schüler, ihre Gedanken auszusprechen.
- Verbessert die Energie im Raum und hebt die Stimmung.
- Stellt sicher, dass die Schüler die Informationen verinnerlichen, indem sie miteinander darüber sprechen.
- Gibt Schülern die Chance, sich in der Trainingsgruppe oder Klasse zu Gehör zu bringen.
- Gibt den Informationen einen Mehrwert für die Schüler, denn nun bekommen sie sie zusätzlich von einem Mitschüler und nicht nur vom Lehrer.

Wie es funktioniert

Bitten Sie die Schüler, sich ihrem Nachbarn zur Rechten oder zur Linken zuzuwenden und die Informationen zu kommentieren, die sie gerade erhalten haben. Damit geben Sie den Schülern Gelegenheit, das, was sie gerade gelernt haben, zu verdauen und zu verinnerlichen. Während die Schüler diese Partnerarbeit machen, haben Sie als Lehrer Gelegenheit, sich auf den nächsten Punkt vorzubereiten, den Sie präsentieren möchten.

Wichtiger Schlüssel für diese Technik

Limitieren Sie die Zeit für den Austausch mit einem Partner auf eine oder zwei Minuten, und stellen Sie sicher, dass alle Schüler daran teilnehmen. Lassen Sie diese Übung mindestens einmal im Laufe einer Trainingseinheit oder einer Unterrichtsstunde machen.

Beispiele, wie Sie Schüler zur Partnerarbeit animieren können

- »Bitte wende dich an die Person zu deiner Linken. Du hast jetzt eine Minute Zeit, um deinem Nachbarn oder deiner Nachbarin deine Meinung über das, was wir gerade besprochen haben, mitzuteilen. Dann ist dein Partner dran. Er oder Sie hat ebenfalls eine Minute, um dir seine oder ihre Meinung mitzuteilen.«
- »Bitte wende dich an deinen linken/rechten Nachbarn und nenne ihm oder ihr die drei für dich wichtigsten Punkte von dem, was wir gerade besprochen haben.«
- »Bitte erzähle deinem Nachbarn zur Rechten in weniger als zwei Minuten, wie du die letzte Übung erlebt hast.«

9. Arbeit in Kleingruppen

Was das ist

Drei bis fünf Leute bilden eine kleine Gruppe, die das gerade in der Klasse oder Trainingsgruppe besprochene Thema diskutiert.

Was es bewirkt

- Schüler verinnerlichen die gerade erhaltenen Informationen, indem sie sie mit anderen diskutieren.
- Schüler werden selbstbewusster, indem sie mit anderen lernen und diskutieren.
- Zu hören, was andere zu sagen haben, steigert das Lernerlebnis für alle.
- Der Lehrer oder Trainer erfährt, wie gut die Schüler die von ihm vermittelten Informationen verarbeitet und verinnerlicht haben.

Wie es funktioniert

Die Schüler bilden Gruppen aus drei bis fünf Personen. Wenn die Stühle verstellt werden können und genügend Platz im Raum ist, können sich die einzelnen Gruppen enger zusammen und weiter von den anderen wegsetzen. Fassen Sie als Lehrer noch einmal zusammen, um welches Thema es geht, und machen Sie deutlich, dass nun jedes Mitglied der Gruppe Gelegenheit hat zu diskutieren, was gerade präsentiert wurde. Der Lehrer kann sich während der Gruppenarbeit auf den nächsten Teil seiner Präsentation vorbereiten.

Wichtiger Schlüssel für diese Technik

Geben Sie klar vor, dass jedes Gruppenmitglied nur drei beziehungsweise vier (oder auch mehr) Minuten Zeit hat, um seine Gedanken mitzuteilen. Machen Sie ferner deutlich, dass Sie erwarten, dass alle Schüler an dieser Gruppendiskussion teilnehmen. Ernennen Sie ein Gruppenmitglied zum Wächter über die Zeit, der darauf zu achten hat, dass sich alle an den vorgegebenen Zeitrahmen halten.

Beispiel, wie Sie diese Technik präsentieren können

Sagen Sie: »Ich möchte, dass ihr Gruppen von vier (oder weniger/mehr) bildet. Jeder in der Gruppe hat genau drei Minuten, um seine Kommentare zu … mit den anderen zu teilen. Wir beginnen in einer Minute.«

10. Rekapitulation in der Gruppe

Was das ist

Dies ist eine motivierende und zugleich vergnügliche Möglichkeit, die Schüler wichtige Schlüsselsätze dieser Unterrichtsstunde laut wiederholen zu lassen, damit sie das, was sie gerade gelernt haben, besser behalten.

Was es bewirkt

- Motiviert Schüler, die in dem Moment, in dem sie die Schlüsselsätze laut wiederholen, erkennen, wie viel sie gelernt haben.
- Schafft am Ende der Stunde oder Lektion eine gute Energie.
- Hilft den Schülern, neue Informationen zu verinnerlichen.
- Gibt den Schülern Gelegenheit, einzelne Punkte, die ihnen beim ersten Mal vielleicht entgangen sind, noch einmal zu hören.

Wie es funktioniert

Der Lehrer oder Trainer spricht sozusagen die »Einleitung« zu jeder Schlüsselinformation; wenn er dann zum entscheidenden Punkt kommt, hebt er beide Hände mit den Handflächen nach oben in die klassische Frageposition. Auf diese Weise lädt er die Schüler ein, »die Lücke zu füllen« – laut und wie aus einem Munde.

Wichtiger Schlüssel für diese Technik

Der Lehrer oder Trainer sollte im Voraus bestimmen, wie viele Minuten er für die Rekapitulation in der Gruppe verwenden will, und den Rest des Unterrichts entsprechend planen. Diese Technik kann auch im Laufe einer Stunde oder einer Trainingseinheit eingesetzt werden, zum Beispiel bevor man zu einem neuen Thema übergeht.

So können Sie eine Rekapitulation in der Gruppe einleiten und unterstützen

Sagen Sie: »Schließt nun alle eure Bücher und legt eure Hefte weg. Wenn ich beide Hände so hebe (zeigt die oben beschriebene Handposition mit den Handflächen nach oben), erwarte ich von euch, dass ihr den nächsten Teil der Information liefert. Fangen wir an.«

Wenn Sie als Lehrer oder Trainer die Hände heben, sollten Sie auch versuchen, ein fragendes Gesicht zu machen und außerdem durch den Klang Ihrer Stimme verdeutlichen, dass eine Lücke gefüllt werden muss – von der Klasse. Lassen Sie die Hände oben, bis die Klasse geantwortet hat.

Wie Sie das, was Sie hier gelernt haben, im täglichen Leben anwenden können

In den nächsten Tagen wird Ihnen wahrscheinlich immer deutlicher bewusst, welche Worte Ihre Angehörigen, Freunde und Kollegen am häufigsten benutzen. Von sich selbst werden Sie auch feststellen, dass Sie Worte benutzen, die für einen ganz bestimmten Kommunikationsstil typisch sind. Die Tatsache, dass Sie diese Worte bei sich selbst und anderen registrieren, zeigt, dass Sie das, was Sie in diesem Buch gelernt haben, allmählich verinnerlichen und anwenden.

Vielleicht merken Sie auch, dass sich Ihre Fähigkeit zu kalibrieren verbessert, während Sie andere immer bewusster beobachten und Ihren eigenen Kommunikationsstil der Stimmung und dem Stil anderer Menschen beziehungsweise Gruppen anpassen.

Dass Sie allmählich immer schneller mit anderen in Kontakt kommen, wird deutlich, wenn Sie Rapport aufbauen, indem Sie feststellen, wie andere kommunizieren, und Ihren Stil entsprechend anpassen.

Nunmehr verfügen Sie über alle Informationen und Werkzeuge, die Sie brauchen, um Ihre kommunikativen Fähigkeiten zu optimieren. Wenden Sie das, was Sie in diesem Buch gelernt haben, bei Ihrem Ehegatten oder Partner, anderen Familienmitgliedern, Freunden und Arbeitskollegen an.

Empfehlen Sie es auch anderen, und verhelfen Sie ihnen damit zu einer besseren Verbindung mit Ihnen und allen anderen Menschen in ihrem Leben.

Über den Autor

Michael J. Losier lebt im schönen Victoria, BC, an der Westküste Kanadas. Er ist Lehrer für Neurolinguistisches Programmieren (NLP) und Autor des Buches *The Law of Attraction (Das Gesetz der Anziehung. Meister werden in der Kunst des Lebens)*, das in 28 Sprachen übersetzt wurde.

Michael Losier hat Hunderte »Law-of-Attraction-Facilitators« ausgebildet und ihnen unter anderem beigebracht, ihre Botschaft so weiterzugeben, dass ihre Schüler ein hohes Maß an Eigeninitiative entwickeln.

Seit 1999 hat Michael Losier mehr als 1700 Stunden Fernunterricht erteilt, Hunderte von Einzelberatungen abgehalten und mehr als tausend Trainingseinheiten angeboten, in denen es um die praktische Anwendung des Gesetzes der Anziehung geht.

Als dynamischer Sprecher und gefragter Seminarleiter setzt Michael Losier Techniken aus dem NLP ein und verblüfft seine Zuhörer immer wieder, nicht zuletzt dadurch, dass er ihnen die Inhalte, die er vertritt, so nahebringt, dass sie sie auch behalten.

Mehr Informationen zu diesem Buch finden Sie (in englischer Sprache) im Internet: *www.LawofConnectionBook.com*.

Mehr Informationen zum Buch *Law of Attraction (Das Gesetz der Anziehung)* finden Sie im Internet: *www.LawofAttractionBook.com*.

Durch die Kraft der Gedanken zum perfekten Leben

Michael J. Losier
Das Gesetz der Anziehung

Meister werden in der Kunst des Lebens
160 Seiten
ISBN 978-3-7787-9190-5